高等职业教育汽车类专业新型活页工作手册式系列教材

系列教材主编：戚文革　邹玉清

汽车发动机故障诊断与维修教学工作页

范真维　李　奎◎编著

中国铁道出版社有限公司
CHINA RAILWAY PUBLISHING HOUSE CO., LTD.

内容简介

本教学工作页是贯彻国务院印发的《国家职业教育改革实施方案》（简称“职教20条”）文件精神，落实“新型活页式、工作手册式”职业教育教材的要求而编写。本教学工作页与教材《汽车发动机故障诊断与维修》（ISBN 978-7-113-28562-3）配套开发，共四个项目，包括检修汽车发动机动力不足、检修汽车发动机怠速不稳、检修汽车发动机无法启动、检修汽车发动机异响故障。每个项目均包含项目任务单、项目导入、项目实施、练习和案例五部分内容。

本教学工作页的特点有：以“做事”的职业行动作为认知起点；使用多样化、可视化表达方式；设计实施“微组织”环节；多环节、多形式的“专业+思政+创新”有机融合；体现典型案例、新知识、新工艺。

本教学工作页为校企行合作开发，充分融入职业要素，适合作为高等职业院校和其他职业学校汽车类相关专业学生的教材，也可作为有关人员的岗位培训教材。

图书在版编目（CIP）数据

汽车发动机故障诊断与维修教学工作页/范真维，李奎编著.—北京：中国铁道出版社有限公司，2022.5
高等职业教育汽车类专业新型活页工作手册式系列教材
ISBN 978-7-113-29208-9

Ⅰ.①汽… Ⅱ.①范… ②李… Ⅲ.①汽车-发动机-机械系统-故障诊断-高等职业教育-教材②汽车-发动机-机械系统-车辆修理-高等职业教育-教材 Ⅳ.①U472.43

中国版本图书馆CIP数据核字（2022）第095727号

书　　名：汽车发动机故障诊断与维修教学工作页
QICHE FADONGJI GUZHANG ZHENDUAN YU WEIXIU JIAOXUE GONGZUOYE
作　　者：范真维　李　奎

策　　划：尹　鹏　何红艳　　　编辑部电话：（010）63560043
责任编辑：何红艳
封面设计：刘　颖
责任校对：焦桂荣
责任印制：樊启鹏

出版发行：中国铁道出版社有限公司（100054，北京市西城区右安门西街 8 号）
网　　址：http://www.tdpress.com/51eds/
印　　刷：北京联兴盛业印刷股份有限公司
版　　次：2022 年 5 月第 1 版　2022 年 5 月第 1 次印刷
开　　本：787 mm×1092 mm 1/16　印张：5.75　字数：144 千
书　　号：ISBN 978-7-113-29208-9
定　　价：28.00 元

序

职业教育的本质是“学习如何工作”的教育，即培养学生具备与工作任务相匹配的职业能力。职业能力遵循新手—生手—熟手—专家/高手的成长规律，如何在职业教育中实施符合职业能力成长规律的落地措施，是职业教育教学设计的首要原则。

本书的教学内容设计是在微组织教学模式“教与学”的行动逻辑指导下完成的。微组织教学模式是行动导向教学具体实施中运用的一个具体化方法，由教学情境导入、任务发布、任务实施、检查纠错、结果评价五个环节构成，其本质特征是针对问题，师生之间建立即时反馈系统。要求教师要具有对问题察之入微的敏感性，针对每个问题做出“即时反馈”。微组织教学模式实施过程中要求对任何一个知识点、技能点均做到“一点一讲一练一确认”。

教学工作页是微组织教学模式实施工具，是教师“教”与学生“学”的引导性教学文件，是学生思维过程、学习过程、学习结果可视化表达与老师即时反馈的载体。

教学工作页设计实现了以下四点创新：

一、以“做事”的行动作为认知起点

以“做事”的行动作为认知起点，建构基于“做事”的行动体系认知结构，而非学科知识体系认知结构，以与学生行动能力相匹配的“做事”的显性行动单元作为教学设计起点。

二、学习过程可视化设计表达

根据学习内容选择多样化的可视化表达方式，可视化设计包括两个方面：一是学生的学习思维过程和学习结果老师要看得见；二是老师的即时反馈学生要看得见，对学习过程与学习结果是否符合要求老师要作出即时反馈意见，反馈意见学生要看得见。

三、教学过程“教与学”即时反馈

学习过程可视化呈现，为建立个性化“教与学”即时反馈创造了前提条件，即时反馈为学生学习偏差及时提供“支架”，赋能“成功学习”，激发内模拟机制，实现班级集体授课制条件下的因材施教。

四、实现“知识、能力、素养”一体化成长

任何一个学习行动都是“知识、能力、素养”构成的“复合体”，在行动中理解掌握行动赖以发生的“知识”，在行动中积淀提升完成行动的“能力”，在行动中规塑做事做人的“素养”，一个行动能够“达标完成”所涉及的“知识、能力、素养”一个也不能少，在行动全过程所有节点与最终成果所涉及的“知识、能力、素养”都进行可视化呈现，依据“合格标准”进行即时反馈、纠正、刻意训练，直到正确为止，从而实现了对学习过程、学习结果全程“贯标”确认。

自 2016 年起，吉林电子信息职业技术学院在汽车专业群、机械专业群启动了面向教育对象的提升教学育人有效性教学改革，教学工作页的创建与应用是教学改革标志性成果之一，催生了教学育人有效性显著提升的课堂革命。

希望本书能够为高等职业教育汽车类专业课程教学设计提供借鉴。

戚文革

2022 年 2 月

前 言

本教学工作页是贯彻国务院印发“职教 20 条”文件精神，落实“新型活页式、工作手册式”职业教育教材的要求而编写。本教学工作页与教材《汽车发动机故障诊断与维修》（ISBN 978-7-113-28562-3）配套开发，共四个项目，包括检修汽车发动机动力不足、检修汽车发动机怠速不稳、检修汽车发动机无法启动、检修汽车发动机异响故障。每个项目均包含项目任务单、项目导入、项目实施、练习和案例五部分内容。

本教学工作页具有以下特点：

1. 以“做事”的职业行动作为认知起点，突出职业能力培养

将项目中每个任务的工作内容序化为作业准备、故障诊断、故障维修和交车等完整的工作过程，在工作过程中认知发动机故障诊断、作业方法、技术标准和要求等职业知识，即按照“实践—认识—再实践—再认识”认识总的发展规律，以“做事”的职业行动作为认知起点，在完成职业活动（包含职业行动和职业知识）过程中不断积淀职业能力，突出职业能力培养。

2. 使用多样化可视化表达方式和“即时反馈”，实现了因材施教

根据学习内容选择了鱼骨图、圆圈图、流程图、列表及方框等多样化的学生学习过程可视化表达方式；学习过程可视化设计为即时反馈奠定了基础，教学过程针对问题“时时、事事、人人”的即时反馈，实现了班级集体授课制条件下的因材施教。

3. 设计实施“微组织”环节，实现“知识、能力、素养”一体化成长

每个行动都设计了“微组织：老师检查纠错，学生改正错误”环节。在教学过程中老师依据“合格标准”，采用检查纠错方式，对每个行动所涉及的“知识、能力、素养”进行即时反馈、纠正、刻意训练，学生在不断地改正错误直到正确为止的过程中，实现了“知识、能力、素养”一体化成长。

4. 多环节多形式的“专业 + 思政 + 创新”有机融合，实现“思创”培养目标

在项目导入中，保持与教材《汽车发动机故障诊断与维修》（ISBN 978-7-113-28562-3）中学习载体一致，结合每个项目的专业性，借用思维导图等图示工具，以开放性的创新

思维形式进行设计；本教学工作页使用全过程要求用铅笔按照规定字的大小书写在精心设计的方框、图表中，培养学生一丝不苟、精益求精的匠人精神。通过以上多环节多形式的“专业＋思政＋创新”有机融合，实现在专业教育中突出“人的底色”与创新素质的培养目标。

5. 典型案例增加启示性、经验性知识

每个项目后面都设置了五个在检修过程中引发的真实复杂的故障案例，使学生受到启示，得以借鉴。

6. 校企行合作开发，充分融入职业要素

本教学工作页由吉林电子信息职业技术学院范真维、李奎编著。其中，范真维编写了项目一～三，李奎编写了项目四。

吉林省汽车维修行业协会秘书长李晶提供了案例；吉林电子信息职业技术学院教授戚文革提供了思政和创新元素。对在编著过程中给予大力支持的各位老师，在此表示衷心的感谢！

本教学工作页由王磊、刘长春审稿。参加审稿的各位老师对全书进行了认真细致的审阅，并提出了宝贵的意见和建议，在此表示衷心的感谢！

由于编著者水平有限，书中难免有疏漏之处，恳请广大读者批评指正。

编著者

2022 年 2 月

目 录

项目一　检修汽车发动机动力不足

项目任务单

项目描述	完成大众迈腾 1.8T 汽车发动机动力不足故障诊断与维修作业
项目要求	符合大众迈腾 1.8T 汽车发动机技术要求和标准，正确使用专用工量具、专用检测仪器，完成汽车发动机动力不足故障检修作业。 （1）检修空气流量计； （2）检修电子节气门； （3）检修燃油供给系统； （4）检修独立点火系统； （5）检修爆震传感器
学习目标	（1）准确描述汽车发动机空气流量计传感器、电子节气门故障诊断方法； （2）准确描述汽车独立点火系统、燃油供给系统、爆震传感器故障诊断方法； （3）规范地对空气流量计故障进行检修； （4）规范地对电子节气门系统故障进行检修； （5）规范地对燃油供给系统故障进行检修； （6）规范地对独立点火系统故障进行检修； （7）规范地对爆震传感器故障进行检修； （8）养成安全、环保、“5S”作业的好习惯； （9）建立汽车故障判断思维模式
项目载体	大众迈腾 1.8T 发动机如下图 
计划学时	24~30 学时

<table>
<tr><td rowspan="2">工作页</td><td>上课地点</td><td></td><td>学生姓名</td><td></td><td>完成 / 未完成</td></tr>
<tr><td>任课教师</td><td></td><td>上课时间</td><td></td><td>优 / 良 / 中 / 及格</td></tr>
</table>

项目导入

现有一辆 2012 款大众迈腾 1.8T 汽车，车主最近发现此车发动机动力不如以前。一天，车主起床晚了，担心上班迟到，他驾车一路狂奔，在快要到单位的路上正准备超越一辆大卡车，当他踩下加速踏板加速时，意外发现发动机最高转速只能达到 3 000 r/min，最高车速只有 80 km/h。这次超车差点造成后车追尾事故，车主吓了一身冷汗，决定下班后将这辆车开到 4S 店让专业维修技术人员好好检查一下。

想一想

请同学们尝试着说出导致汽车发动机动力不足的原因有哪些？并将自己的总结分析用铅笔记录到下面圆圈中。

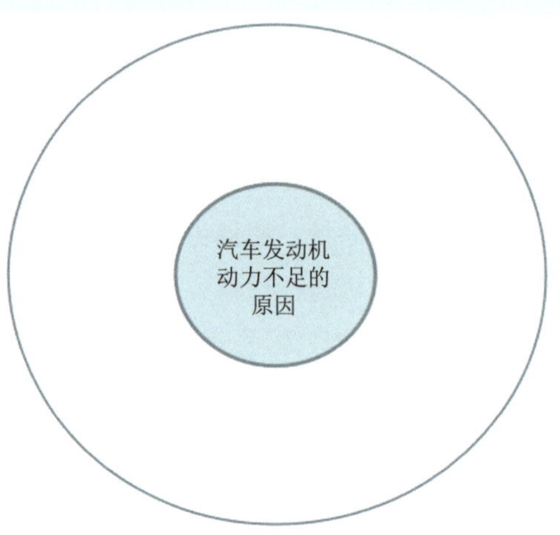

汽车发动机动力不足原因分析图

安全教育与防护要求

请大声说出检修发动机动力不足安全与防护要求，做好防护准备，同时进行自检和互检。若已完成，请在方框内用铅笔打“√”。

□ 工作服穿戴“四紧”，穿工鞋，戴工帽；

□ 不佩戴手表等金属首饰；

□ 严禁摆弄与本次任务无关的设备和工具；

□ 遵守场地安全规定，注意用电安全；

□ 严禁嬉戏打闹。

微组织 1：老师检查纠错，学生改正错误。微评价：☆☆☆☆☆

项目实施

任务一　检修空气流量计

步骤一　作业准备

请认真列出作业准备项目和内容，对照表 1-1-1 核准检查项目内容。若已准备，请在方框里画上“√”；若有遗漏，请补充后画上“√”。

表 1-1-1　检修空气流量计作业准备情况检查表

项目	内容
作业场地	配有尾气抽排系统和消防设施的汽车维修作业场地□
设备设施	大众迈腾 1.8T 汽车□　举升工位□　汽车维修三件套□　垃圾桶□
工量辅具	常用工具□　数字万用表□　数字示波器□　故障诊断仪□　工具车□　208 接线盒□
耗材	线束□　干净抹布□　空气流量计□

微组织 2：老师检查纠错，学生改正错误。微评价：☆☆☆☆☆

步骤二　检修空气流量计

1. 请观察老师铺设汽车维修三件套示范动作，并模仿重复操作，结合老师讲解、查阅教材，使用故障诊断仪读取故障码，并将故障码认真记录在表 1-1-2 中。

表 1-1-2　故障码列表

步骤	故障内容
1	
2	
3	
4	

微组织 3：老师检查纠错，学生改正错误。微评价：☆☆☆☆☆

2. 请尝试在实车上查找空气流量计具体位置，并对其线束、插接器进行常规外观检查，将检验结果填写在下面思维导图中，见图 1-1-1。

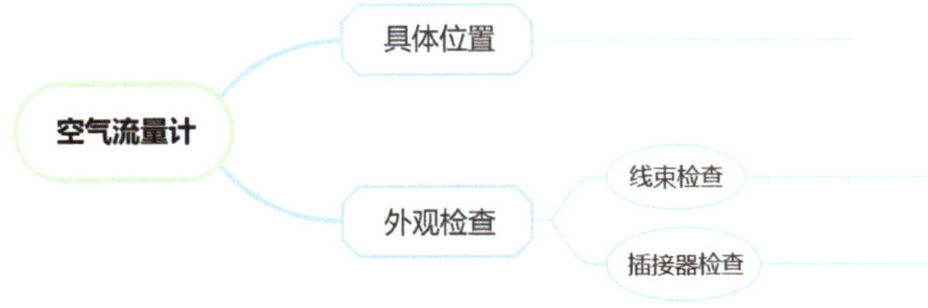

图 1-1-1　空气流量计外观检查

微组织 4：老师检查纠错，学生改正错误。微评价：☆☆☆☆☆

3. 请查找汽车维修电路图，并将空气流量计电路图绘制到下面方框内。

微组织 5：老师检查纠错，学生改正错误。微评价：☆☆☆☆☆

4. 请使用万用表完成对空气流量计引脚端子检测，并整理端子检测结果将其记录在表 1-1-3 中。

表 1-1-3　空气流量计端子检测表

引脚端子	引脚含义	检测结果
端子 T5f/1	空气流量信号	
端子 T5f/2	搭铁	
端子 T5f/3	电源电压	
端子 T5f/4/5	空脚	

微组织 6：老师检查纠错，学生改正错误。微评价：☆☆☆☆☆

5. 请根据空气流量计引脚端子检测结果分析推断其故障原因，并将推断过程用铅笔整理到下面思维导图中，见图 1-1-2。

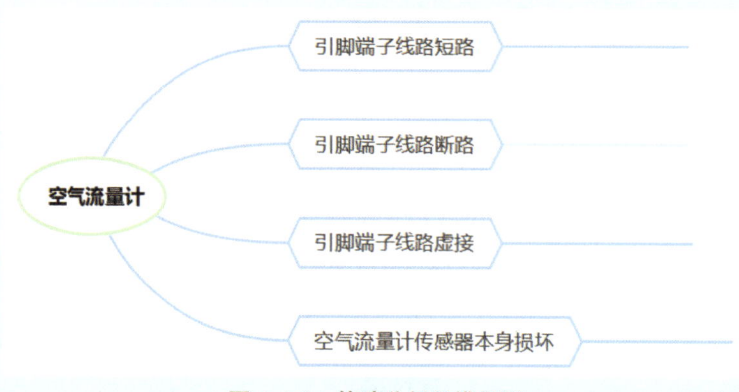

图 1-1-2　故障分析思维导图

微组织 7：老师检查纠错，学生改正错误。微评价：☆☆☆☆☆

6. 请确定故障点，将具体故障内容整理好，及时排除故障（简称排故），整理好排故步骤，完成下面思维导图，见图 1-1-3。

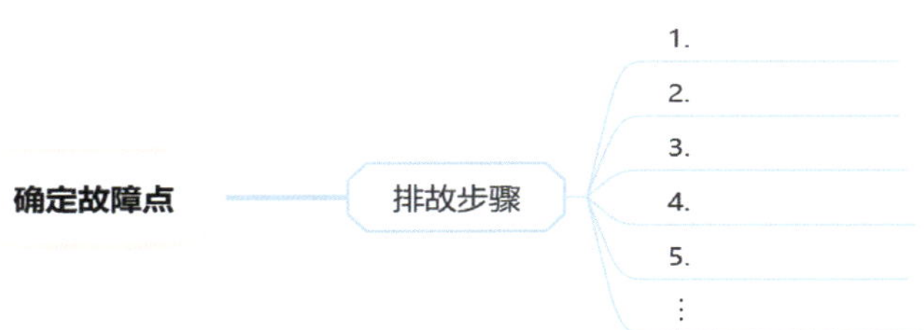

图 1-1-3　故障排除思维导图

微组织 8：老师检查纠错，学生改正错误。微评价：☆☆☆☆☆

7. 观察老师讲解示波器示范操作，运用示波器读取空气流量计波形，检验波形是否正常，将正确波形绘制到下面方框内。

微组织 9：老师检查纠错，学生改正错误。微评价：☆☆☆☆☆

步骤三　试车，交付车辆

8. 对车主的迈腾 1.8T 汽车进行着车试车，检验车辆动力是否恢复正常？

微组织 10：老师检查纠错，学生改正错误。微评价：☆☆☆☆☆

9. 请尝试利用鱼骨图总结空气流量计故障检修流程，见图 1-1-4。

图 1-1-4　空气流量计故障检修流程图

微组织 11：老师检查纠错，学生改正错误。微评价：☆☆☆☆☆

任务二　检修电子节气门

步骤一　作业准备

请认真列出作业准备项目和内容，对照表 1-2-1 核准检查项目内容。若已准备，请在方框里画上“√”；若有遗漏，请补充后画上“√”。

表 1-2-1　检修电子节气门作业准备情况检查表

项目	内容
作业场地	配有尾气抽排系统和消防设施的汽车维修作业场地□
设备设施	大众迈腾 1.8T 汽车□　举升工位□　汽车维修三件套□　垃圾桶□
工量辅具	常用工具□　数字万用表□　数字示波器□　故障诊断仪□　工具车□　208 接线盒□
耗材	线束□　干净抹布□　电子节气门□　熔丝□

微组织 1：老师检查纠错，学生改正错误。微评价：☆☆☆☆☆

步骤二　检修电子节气门

1. 请观察老师铺设汽车维修三件套示范动作，并模仿重复操作，结合老师讲解、查阅教材，使用故障诊断仪读取故障码和数据流，并将故障码和数据流认真记录在表 1-2-2、表 1-2-3 中。

表 1-2-2　故障码列表

步骤	故障内容
1	
2	
3	
4	

微组织 2：老师检查纠错，学生改正错误。微评价：☆☆☆☆☆

表 1-2-3　数据流列表

步骤	数据流内容
1	
2	
3	
4	

微组织 3：老师检查纠错，学生改正错误。微评价：☆☆☆☆☆

2. 请尝试在实车上查找电子节气门具体位置，并对其线束、插接器进行常规外观检查，将检验结果填写在下面思维导图中，见图 1-2-1。

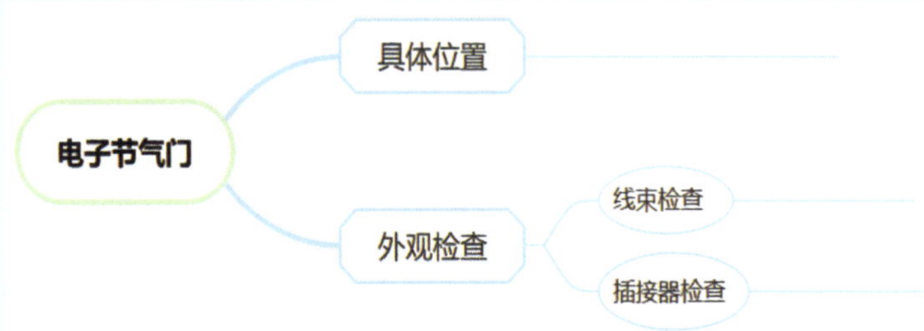

图 1-2-1　电子节气门外观检查

微组织 4：老师检查纠错，学生改正错误。微评价：☆☆☆☆☆

3. 请查找汽车维修电路图，并将电子节气门电路图绘制到下面方框内。

微组织 5：老师检查纠错，学生改正错误。微评价：☆☆☆☆☆

4. 请使用万用表完成对电子节气门引脚端子检测，并整理端子检测结果将其记录在表 1-2-4 中。

表 1-2-4　电子节气门端子检测表

引脚端子	引脚含义	检测结果
端子 T6bs/3、端子 T6bs/5	执行电动机控制线	
端子 T6bs/1、端子 T6bs/4	传感器 G188、G187 信号端子	
端子 T6bs/2	传感器 G187、G188 共用电源	
端子 T6bs/6	传感器 G187、G188 共用搭铁	

微组织 6：老师检查纠错，学生改正错误。微评价：☆☆☆☆☆

5. 请根据电子节气门引脚端子检测结果分析推断其故障原因，并将推断过程用铅笔整理到下面思维导图中，见图 1-2-2。

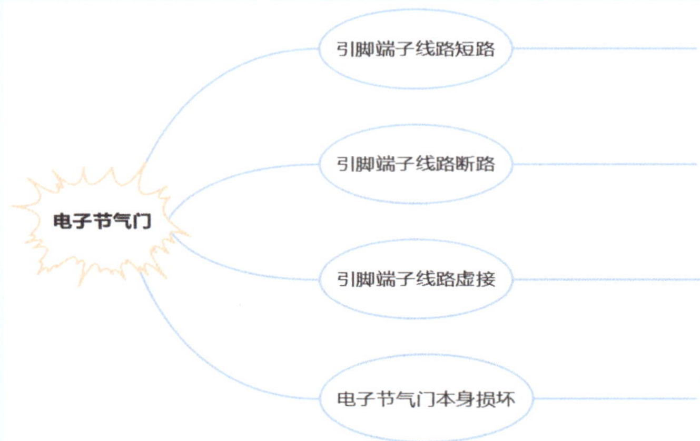

图 1-2-2　故障分析思维导图

微组织 7：老师检查纠错，学生改正错误。微评价：☆☆☆☆☆

6. 请再次确定故障点，将具体故障内容整理好，及时排除故障，整理好排故步骤，完成下面思维导图，见图 1-2-3。

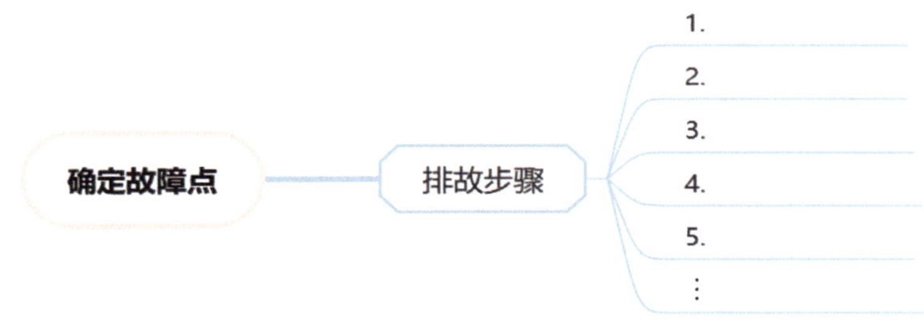

图 1-2-3　故障排除思维导图

微组织 8：老师检查纠错，学生改正错误。微评价：☆☆☆☆☆

7. 观察老师讲解示波器示范操作，运用示波器读取电子节气门位置传感器波形，检验波形是否正常，将正确波形绘制到下面方框内。

微组织 9：老师检查纠错，学生改正错误。微评价：☆☆☆☆☆

步骤三　试车，交付车辆

8. 对车主的迈腾 1.8T 汽车进行着车试车，检验汽车动力是否恢复正常？

微组织 10：老师检查纠错，学生改正错误。微评价：☆☆☆☆☆

9. 请尝试利用鱼骨图总结电子节气门故障检修流程，见图 1-2-4。

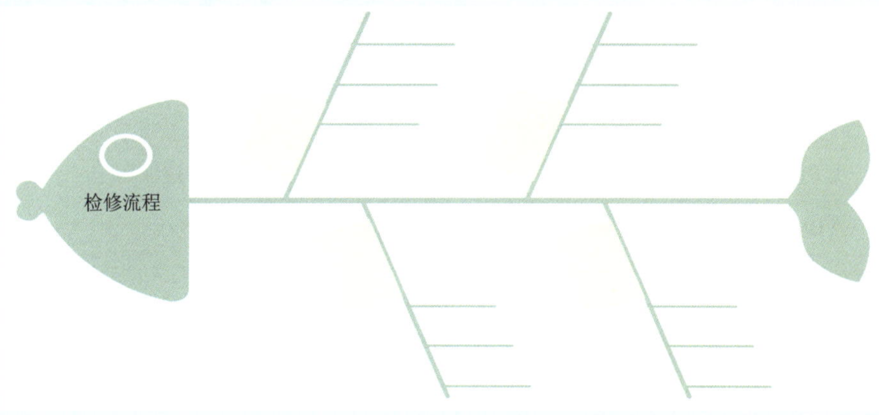

图 1-2-4　电子节气门故障检修流程图

微组织 11：老师检查纠错，学生改正错误。微评价：☆☆☆☆☆

任务三　检修燃油供给系统

步骤一　作业准备

请认真列出作业准备项目和内容，对照表 1-3-1 核准检查项目内容。若已准备，请在方框里画上“√”；若有遗漏，请补充后画上“√”。

表 1-3-1　检修燃油供给系统作业准备情况检查表

项目	内容
作业场地	配有尾气抽排系统和消防设施的汽车维修作业场地□
设备设施	大众迈腾 1.8T 汽车□　举升工位□　汽车维修三件套□　垃圾桶□　集油车□
工量辅具	常用工具□　数字万用表□　维修手册□　故障诊断仪□　208 接线盒□　燃油压力表□
耗材	线束□　干净抹布□　高压油泵□　熔丝□

微组织 1：老师检查纠错，学生改正错误。微评价：☆☆☆☆☆

步骤二　检测燃油压力

1. 请观看老师示范操作过程，结合老师讲解、查阅教材和观看相关视频，尝试制订出燃油压力检测计划，见表 1-3-2。

表 1-3-2　燃油压力检测计划表

步骤	检测内容	工量辅具
1		
2		
3		
4		
5		
6		
7		
8		
9		
10		
⋮		

微组织 2：老师检查纠错，学生改正错误。微评价：☆☆☆☆☆

2. 请根据老师讲解和查阅教材，用铅笔完成图 1-3-1 燃油压力表组成内容的填写，并陈述其功用。

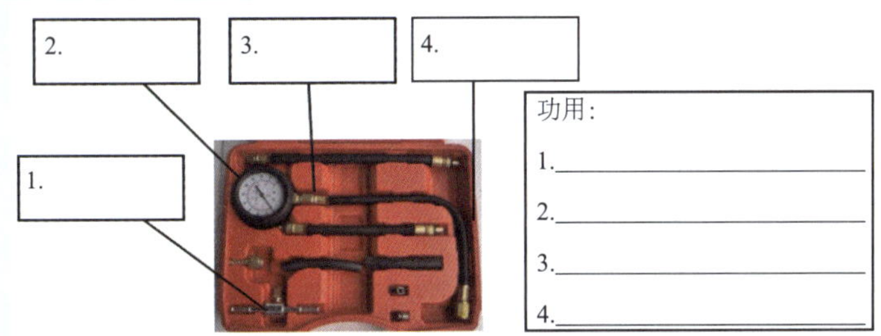

图 1-3-1　燃油压力表组成及功用

微组织 3：老师检查纠错，学生改正错误。微评价：☆☆☆☆☆

3. 请熟练操作汽车维修三件套的铺设，结合老师示范讲解和计划表，使用燃油压力表对汽车进行燃油压力检测，并将检测结果整理到表 1-3-3 中，做出合理判断。

表 1-3-3　燃油压力检测记录表

项目	检测结果	标准值	判断是否正常
低压油泵油压		额定值应为 6~8 bar（1 bar=10^5 Pa）	
正常怠速时油压		40 bar	
保持压力		检测 10 min 后的油压应至少为 3.75 bar	
⋮			

微组织 4：老师检查纠错，学生改正错误。微评价：☆☆☆☆☆

步骤三　检修燃油压力传感器

4. 请尝试在实车上查找燃油压力传感器的具体位置，并对其线束、插接器进行常规外观检查，将检验结果填写在下面思维导图中，见图 1-3-2。

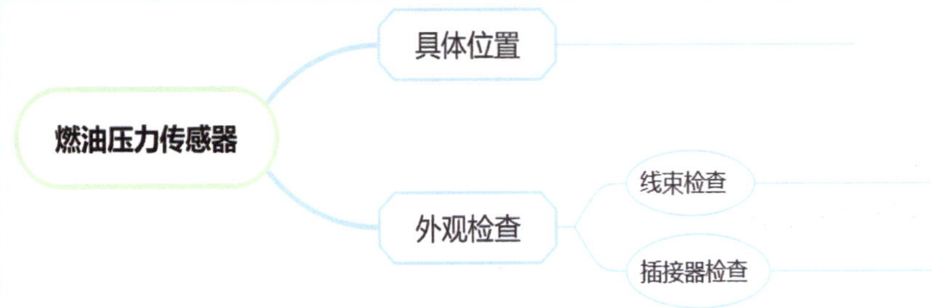

图 1-3-2　燃油压力传感器外观检查

微组织 5：老师检查纠错，学生改正错误。微评价：☆☆☆☆☆

5. 请查找汽车维修电路图，并将燃油压力传感器电路图绘制到下面方框内。

微组织 6：老师检查纠错，学生改正错误。微评价：☆☆☆☆☆

6. 请使用万用表完成对燃油压力传感器引脚端子检测，并整理端子检测结果将其记录到表 1-3-4 中。

表 1-3-4　燃油压力传感器端子检测表

引脚端子	检测结果
电源端子电压检测	
输出信号端子检测	
搭铁端子检测	

微组织 7：老师检查纠错，学生改正错误。微评价：☆☆☆☆☆

7. 请根据燃油压力传感器引脚端子检测结果分析推断其故障原因，并将推断过程用铅笔整理到下面思维导图中，见图 1-3-3。

图 1-3-3　故障分析思维导图

微组织 8：老师检查纠错，学生改正错误。微评价：☆☆☆☆☆

步骤四　检修燃油压力调节阀

8. 请查找汽车维修电路图，并将燃油压力调节阀电路图绘制到下面方框内。

微组织 9：老师检查纠错，学生改正错误。微评价：☆☆☆☆☆

9. 请使用万用表完成对燃油压力调节阀引脚端子检测，并整理端子检测结果将其记录到表 1-3-5 中。

表 1-3-5　燃油压力调节阀端子检测表

引脚端子	检测结果
电源端子电压检测	
搭铁端子检测	

微组织 10：老师检查纠错，学生改正错误。微评价：☆☆☆☆☆

10. 使用故障诊断仪对燃油压力调节阀进行执行元件测试，并将测试结果整理到下图中，见图 1-3-4。

执行元件测试

图 1-3-4　燃油压力调节阀执行元件测试

微组织 11：老师检查纠错，学生改正错误。微评价：☆☆☆☆☆

步骤五　检修高压油泵

11. 请根据老师讲解、查阅教材和观看相关视频，尝试制定出拆卸高压油泵计划，见表 1-3-6。

表 1-3-6　拆卸高压油泵工作计划表

步骤	检测内容	工量辅具
1		
2		
3		
4		
5		
6		
7		
8		
⋮		

微组织 12：老师检查纠错，学生改正错误。微评价：☆☆☆☆☆

12. 根据高压油泵拆卸计划，按照正确的工艺流程进行高压油泵更换作业，并着车试车，检验汽车动力是否恢复正常？

微组织 13：老师检查纠错，学生改正错误。微评价：☆☆☆☆☆

13. 请尝试利用鱼骨图总结燃油供给系统故障检修流程，见图 1-3-5。

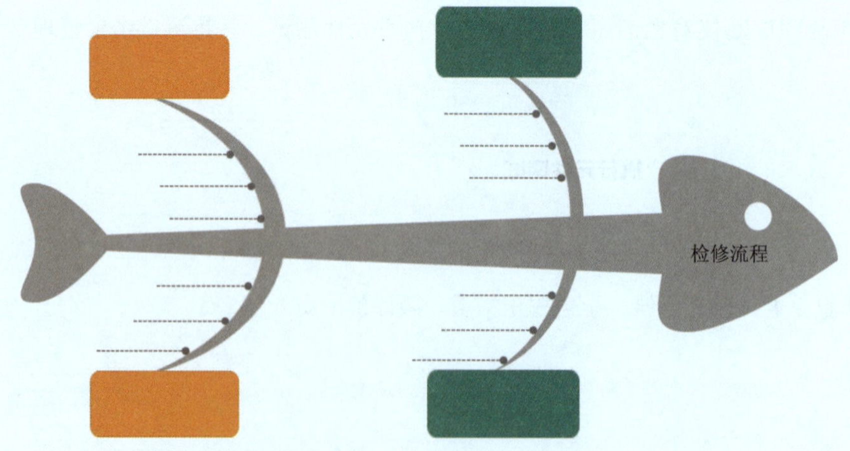

图 1-3-5　燃油供给系统故障检修流程图

微组织 14：老师检查纠错，学生改正错误。微评价：☆☆☆☆☆

任务四　检修独立点火系统

步骤一　作业准备

请认真列出作业准备项目和内容，对照表 1-4-1 核准检查项目内容。若已准备，请在方框里画上“√”；若有遗漏，请补充后画上“√”。

表 1-4-1　检修独立点火系统作业准备情况检查表

项目	内容
作业场地	配有尾气抽排系统和消防设施的汽车维修作业场地□
设备设施	大众迈腾 1.8T 汽车□　举升工位□　汽车维修三件套□　垃圾桶□
工量辅具	常用工具□　数字万用表□　维修手册□　故障诊断仪□　火花塞专用套筒□ 208 接线盒□
耗材	线束□　干净抹布□　火花塞□　熔丝□　独立点火线圈□

微组织 1：老师检查纠错，学生改正错误。微评价：☆☆☆☆☆

步骤二　检修独立点火系统

1. 请观察老师铺设汽车维修三件套示范动作，并模仿重复操作，结合老师讲解、查阅教材，使用故障诊断仪读取故障码，并将故障码认真记录在表 1-4-2 中。

表 1-4-2　故障码列表

步骤	故障内容
1	
2	
3	
4	

微组织 2：老师检查纠错，学生改正错误。微评价：☆☆☆☆☆

2. 请尝试在实车上查找独立点火线圈具体位置，并对其线束、插接器进行常规外观检查，将检验结果填写在下面思维导图中，见图 1-4-1。

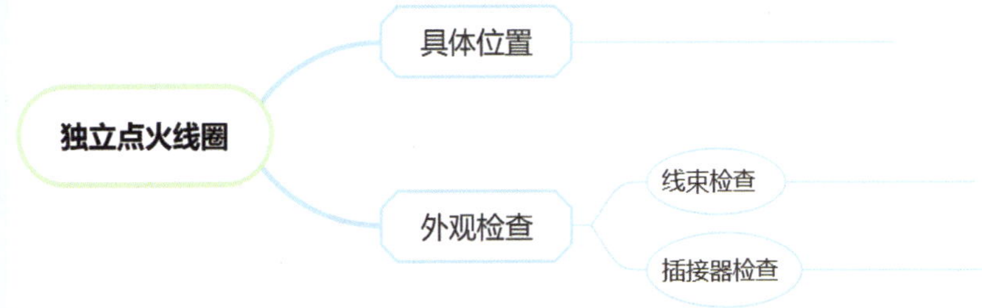

图 1-4-1　独立点火线圈外观检查

微组织 3：老师检查纠错，学生改正错误。微评价：☆☆☆☆☆

3. 请查找汽车维修电路图，并将独立点火线圈电路图绘制到下面方框内。

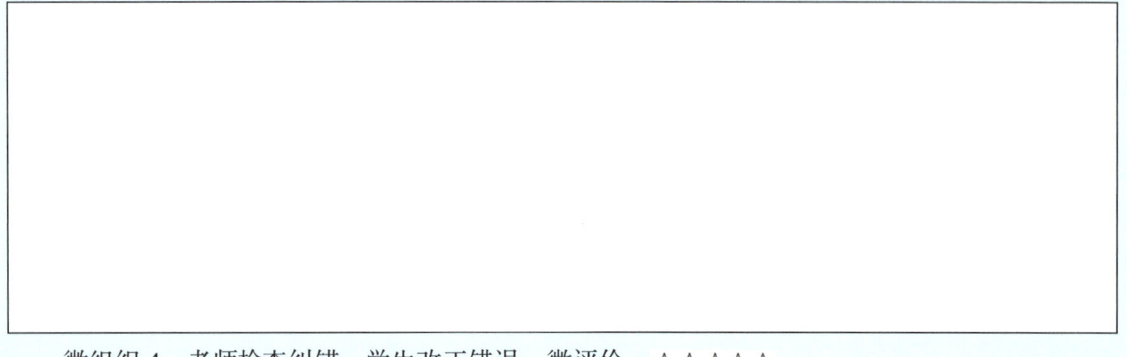

微组织 4：老师检查纠错，学生改正错误。微评价：☆☆☆☆☆

4. 请使用万用表完成对独立点火线圈引脚端子检测，并整理端子检测结果将其记录到表 1-4-3 中。

表 1-4-3　独立点火线圈端子检测表

引脚端子	引脚含义	检测结果
1 号端子	点火控制模块搭铁端	
2 号端子	点火线圈搭铁端	
3 号端子	供电电压，点火开关打开时，电源为点火控制器提供的工作电压 12 V，同时也是点火线圈一次绕组工作电压	
4 号端子	ECU 输出给点火控制器控制各缸点火线圈一次绕组电路通断的控制信号	

微组织 5：老师检查纠错，学生改正错误。微评价：☆☆☆☆☆

5. 请根据独立点火线圈引脚端子检测结果分析推断其故障原因，并将推断过程用铅笔整理到下面思维导图中，见图 1-4-2。

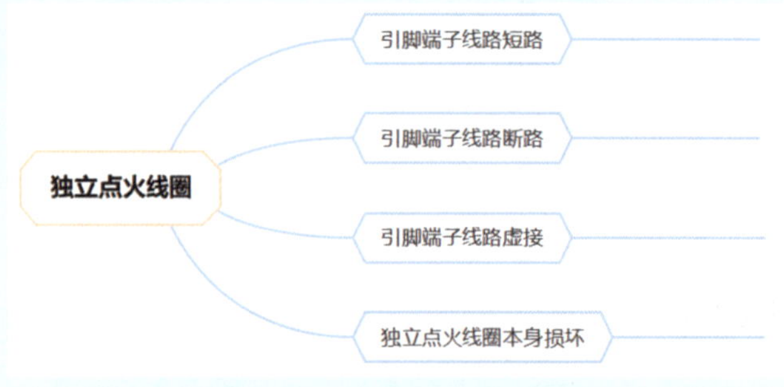

图 1-4-2　故障分析思维导图

微组织 6：老师检查纠错，学生改正错误。微评价：☆☆☆☆☆

6. 请使用火花塞专用套筒对火花塞进行拆卸，然后对火花塞进行细致检查，将检验结果填写在下面思维导图中，见图 1-4-3。

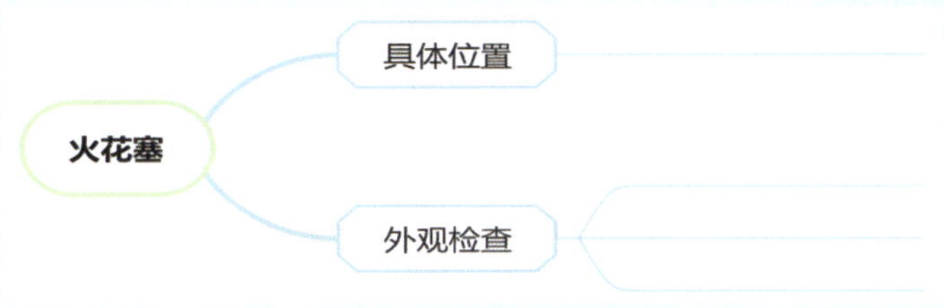

图 1-4-3　火花塞检查

微组织 7：老师检查纠错，学生改正错误。微评价：☆☆☆☆☆

7. 请再次确定故障点，将具体故障内容整理好，及时排除故障，整理好排故步骤，完成下面思维导图，见图 1-4-4。

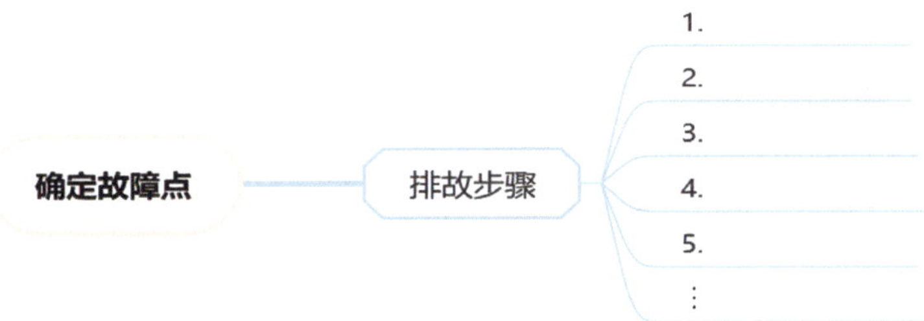

图 1-4-4　故障排除思维导图

微组织 8：老师检查纠错，学生改正错误。微评价：☆☆☆☆☆

步骤三　试车，交付车辆

8. 对车主的迈腾 1.8T 汽车进行着车试车，检验车辆动力是否恢复正常？

微组织 9：老师检查纠错，学生改正错误。微评价：☆☆☆☆☆

9. 请尝试利用鱼骨图总结独立点火系统故障检修流程，见图 1-4-5。

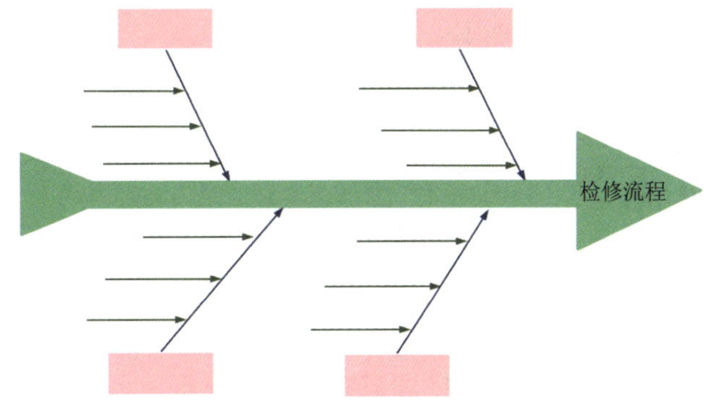

图 1-4-5　独立点火系统故障检修流程图

微组织 10：老师检查纠错，学生改正错误。微评价：☆☆☆☆☆

任务五　检修爆震传感器

步骤一　作业准备

请认真列出作业准备项目和内容，对照表 1-5-1 核准检查项目内容。若已准备，请在方框里画上“√”；若有遗漏，请补充后画上“√”。

表 1-5-1　检修爆震传感器作业准备情况检查表

项目	内容
作业场地	配有尾气抽排系统和消防设施的汽车维修作业场地□
设备设施	大众迈腾 1.8T 汽车□　举升工位□　汽车维修三件套□　垃圾桶□
工量辅具	常用工具□　数字万用表□　数字示波器□　故障诊断仪□　橡胶锤□　208 接线盒□
耗材	线束□　干净抹布□　熔丝□　爆震传感器□

微组织 1：老师检查纠错，学生改正错误。微评价：☆☆☆☆☆

步骤二　检修爆震传感器

1. 请观察老师铺设汽车维修三件套示范动作，并模仿重复操作，结合老师讲解、查阅教材，使用故障诊断仪读取故障码，并将故障码认真记录在表 1-5-2 中。

表 1-5-2　故障码列表

步骤	故障内容
1	
2	
3	
4	

微组织 2：老师检查纠错，学生改正错误。微评价：☆☆☆☆☆

2. 请尝试在实车上查找爆震传感器的具体位置，并对其线束、插接器进行常规外观检查，将检验结果填写在下面思维导图中，见图 1-5-1。

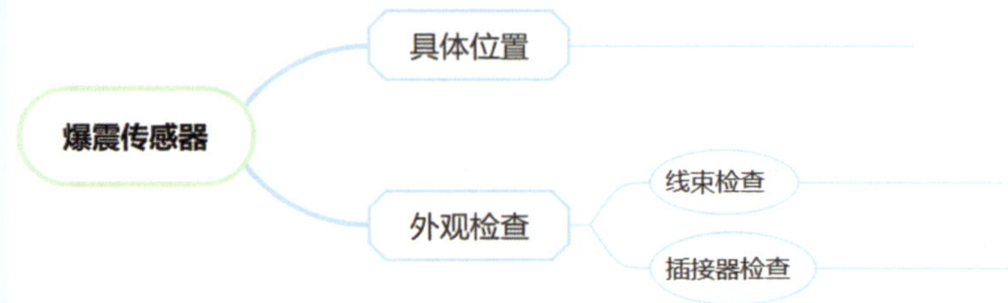

图 1-5-1　爆震传感器外观检查

微组织 3：老师检查纠错，学生改正错误。微评价：☆☆☆☆☆

3. 请查找汽车维修电路图，并将爆震传感器电路图绘制到下面方框内。

微组织 4：老师检查纠错，学生改正错误。微评价：☆☆☆☆☆

4. 请使用万用表完成对爆震传感器引脚端子检测，并整理端子检测结果将其记录到表 1-5-3 中。

表 1-5-3　爆震传感器端子检测表

引脚端子	引脚含义	检测结果
1 号端子	信号线正极	
2 号端子	信号线负极	
3 号端子	屏蔽线	

微组织 5：老师检查纠错，学生改正错误。微评价：☆☆☆☆☆

5. 请根据爆震传感器引脚端子检测结果分析推断其故障原因，并将推断过程用铅笔整理到下面思维导图中，见图 1-5-2。

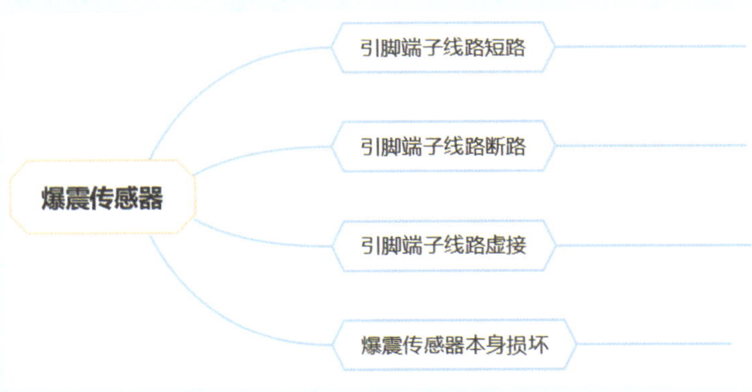

图 1-5-2　故障分析思维导图

微组织 6：老师检查纠错，学生改正错误。微评价：☆☆☆☆☆

6. 请再次确定故障点，将具体故障内容整理好，及时排除故障，整理好排故步骤，完成下面思维导图，见图 1-5-3。

图 1-5-3 故障排除思维导图

微组织 7：老师检查纠错，学生改正错误。微评价：☆☆☆☆☆

步骤三 试车，交付车辆

7. 对车主的迈腾 1.8T 汽车进行着车试车，检验车辆动力是否恢复正常？

微组织 8：老师检查纠错，学生改正错误。微评价：☆☆☆☆☆

8. 请尝试利用鱼骨图总结爆震传感器故障检修流程，见图 1-5-4。

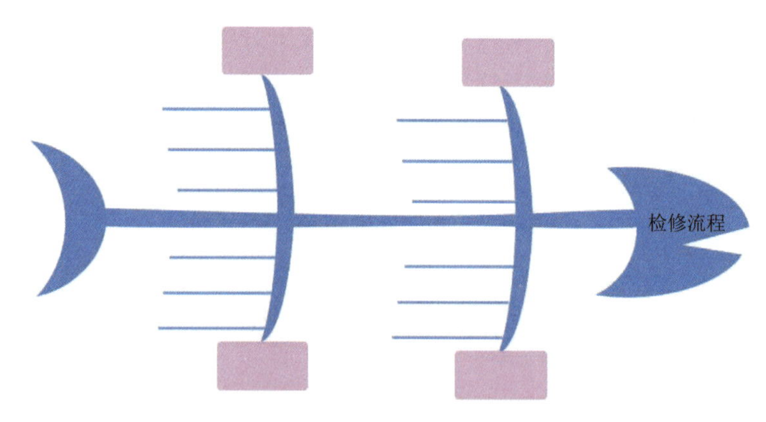

图 1-5-4 爆震传感器故障检修流程图

微组织 9：老师检查纠错，学生改正错误。微评价：☆☆☆☆☆

练习

1. 判断题

（1）发动机进、排气系统堵塞，可能导致进、排气不顺畅。（　　）

（2）节气门调整不当，不能全开，会导致发动机进气不足。（　　）

（3）燃油压力过低导致喷油量不足，混合气体变浓 。（　　）

（4）冷却液温度传感器故障，不会导致空燃比失调。（　　）

（5）点火正时不当或高压火太弱，导致发动机燃烧不好。（　　）

（6）节气门位置传感器可以用来确定节气门的开度位置。（　　）

（7）喷油器堵塞或雾化不良，导致空燃比变大。（　　）

2. 选择题

（1）若检查冷却液温度传感器，出现不符合标准值，应（　　）。

A. 更换冷却液温度传感器　　B. 更换传感器线束

C. 更换进气传感器故障　　D. 更换 ECU

（2）若测量气缸压缩压力过低，应（　　）。

A. 拆检进气系统　　B. 拆检发动机

C. 拆检排气系统　　D. 拆检气缸盖罩

（3）检查喷油量是否正常：如喷油量不正常或喷油雾化不良，应（　　）。

A. 清洗喷油器　　B. 更换油喷器

C. 不做处理　　D. 更换喷油器线束

（4）若检查燃油压力过低，应进一步检查（　　）。

A. 电动燃油泵　　B. 油压调节器

C. 燃油滤清器　　D. 集滤器

（5）发动机动力不足，故障原因包括（　　）。

A. 燃油压力过低导致喷油量不足　　B. 点火正时不当或高压火太弱

C. 空气流量计或进气压力传感器故障　　D. 气缸压力不足

案例

案例一：汽车空气流量计检修时，将发动机电控单元 ECU 烧坏了。

某汽车修理厂一学徒工，在跟师傅进行汽车空气流量计检修时，没有听从师傅的叮嘱，存在侥幸心理，在对空气流量计传感器进行线束插接器插拔时没有关闭点火开关。导致汽车发动机电控单元 ECU 烧坏，造成车辆产生新的故障。

在插拔汽车元器件插接器时，如果不关闭点火开关，插拔插接器突然断电瞬间会在线路上产生感应电流，瞬间感应电流变化会叠加到某个点而产生放电现象，这种放电电流很有可能通过 ECU 芯片，一般的 ECU 芯片都很脆弱，一旦承受不了就会烧毁 ECU 芯片。这样会造成更大的经济损失，产生不必要的故障。

因此，维修人员检修汽车发动机故障，在插拔线束插接器时一定要关闭点火开关，在断电情况下插拔插接器。

案例二：车主李峰最近发现开车油耗增加，动力提升慢。

某建筑公司监理李峰拿到驾照后，利用自己辛苦打工赚的钱购买了一辆迈腾 1.8T 汽车。由于工作的特殊原因，他经常要到建筑工地现场作业，建筑工地空气环境比较恶劣，粉尘较多，加上李峰是新手司机，不懂汽车保养的基本常识。李峰已经 10 个月没有去给自己的汽车做维护保养了，空气滤清器一直没有更换。最近李峰发现自己的车油耗增加，加速时发动机发闷，动力提升较慢。李峰将车开到工地附近的汽车维修店，经过检查发现空气滤清器的灰尘太多，已经将滤网堵塞，同时空气流量计的滤网也布满了灰尘，导致空气流量计工作不正常，最终影响到发动机油耗增加，动力性能下降。

驾驶员正常驾驶车辆时，平均每 5 000~8 000 km 需要保养一次，每次保养需要清洁更换空气滤清器，如果车辆行驶环境比较恶劣，空气质量不是很好，建议 2~3 个月清理一下空气滤清器。目的是确保进气系统的空气清洁，防止进气管路堵塞，导致空气流量计等零部件工作异常，引发发动机工作不良。

因此，驾驶员在驾驶自己的车辆时，一定要按时对车辆进行保养，定时清洁、更换空气滤清器。

案例三：火花塞破损，进入发动机气缸中。

某汽车修理厂一学徒工，在对一辆迈腾车做保养时，对该车进行火花塞更换。在更换火花塞时，由于身边没有火花塞拆卸专用工具，便使用其他工具代替。在拆卸第二缸火花塞时导致火花塞破损，使得陶瓷碎片进入气缸中。学徒工见状非常紧张、害怕，低着头小声地向师傅认错。师傅得知此事后，没有严厉地批评该学徒工，而是教导、叮嘱他今后一定要使用专用工具拆卸火花塞，不要盲目操作。

汽车点火系统的火花塞是一个很精密、很重要的元器件，拆装时一定使用专用套筒，同时要保持火花塞周围清洁，无灰尘杂质，否则会导致气缸污染，引发其他故障。

因此，维修人员在对火花塞进行检查时，一定要保证周围清洁的前提下使用火花塞专用套筒进行作业。

案例四：清理完电子节气门积炭后，发现发动机怠速过高。

某汽车修理厂一学徒工，在对一辆迈腾车做保养时，对该车进行了节气门积炭清理。在清理节气门时，师傅在旁边对他嘱咐道："清理完毕后一定要记得给节气门进行 ECU 参数匹配"。学徒工清洗完电子节气门积炭后，突然来了一个电话，他接完电话后忘记给节气门做 ECU 参数匹配就将车辆交付给车主。车主在开车回家途中等待红绿灯时发现自己的车怠速偏高，怠速不稳，于是车主将车又开回保养的汽车修理厂咨询原因。

汽车电子节气门具有自我调节功能，积炭清洗后一定要做 ECU 参数匹配。假设没有积炭时节气门怠速开度是 8%，当节气门积炭越来越多，堵塞进气通道时，节气门就会通过自我调节功能将节气门开度增大，假设到了 18%，这时对节气门进行积炭的清洗。清洗完毕后，节气门无法在短时间内知道清洗了节气门，所以 ECU 会认为怠速时的开度还是 18%。虽然现在积炭清理了，节气门通畅了，18% 的开度就会导致进气量过多，出现怠速升高，或者怠速不稳的现象。节气门 ECU 参数匹配就是把 ECU 的数值也恢复到怠速开度 8% 的状态，也就是让 ECU 和节气门保持一致性。

因此，维修人员在对电子节气门进行积炭清理时，积炭清理完毕后一定要对电子节气门进行 ECU 参数匹配，确定匹配成功后再交付车辆。

案例五：车主更换完节气门时，发现爱车出现发动机抖动现象。

某 4S 店一名实习维修工，在对车辆进行节气门更换时，安装节气门的过程中不够细心，在对接口处进行卡箍和螺栓固定时没有做到紧固牢靠，导致节气门座口与进气管接口处出现漏气现象。

汽车节气门出现漏气会造成发动机抖动，动力不足，行驶过程中有闯动，严重时会导致发动机熄火，漏气部位会把发动机盖熏黑。

因此，维修技术人员在对节气门进行拆装更换时，一定要认真、细致、负责，在节气门接口处进行紧固时确保密封性良好。

笔记栏

项目二　检修汽车发动机怠速不稳

项目任务单

项目描述	完成大众迈腾 1.8T 汽车发动机怠速不稳故障诊断与维修作业
项目要求	符合大众迈腾 1.8T 汽车发动机技术要求和标准，正确使用专用工量辅具、专用检测仪器，完成发动机怠速不稳故障检修作业。 （1）检修进气系统； （2）检修喷油系统； （3）检修单缸失火； （4）检修氧传感器
学习目标	（1）准确描述汽车发动机进气系统故障、喷油系统诊断方法； （2）准确描述汽车发动机单缸失火、氧传感器故障诊断方法； （3）准确描述汽车发动机故障诊断方法； （4）规范地对进气系统故障进行检修； （5）规范地对喷油系统故障进行检修； （6）规范地对发动机单缸失火故障进行检修； （7）规范地对发动机氧传感器故障进行检修； （8）养成安全、环保、“5S”作业的好习惯； （9）树立汽车人德技并修的学习观
项目载体	大众迈腾 1.8T 发动机如下图 
计划学时	24~30 学时

工作页	上课地点		学生姓名		完成 / 未完成
	任课教师		上课时间		优 / 良 / 中 / 及格

项目导入

现有一车主驾驶大众迈腾 1.8T 汽车，最近发现自己爱车油耗增加，排气管偶尔还会有黑烟冒出。这天，该车主加班后到托管班接女儿回家，由于提前到了托管班，女儿作业还没写完。于是车主没有将车熄火便在车里等几分钟，就在这时，车主发现发动机舱内发出“叽叽”异响，伴随着怠速抖动,抖动与发动机转动同步。车主见此种情形心里有些不安,决定一会儿将女儿送回家后，驾车到 4S 店让专业维修技术人员好好检查一下。

想一想

请同学们尝试着说出导致汽车发动机怠速不稳的原因都有哪些？并将自己的总结分析用铅笔记录到下面圆圈图中。

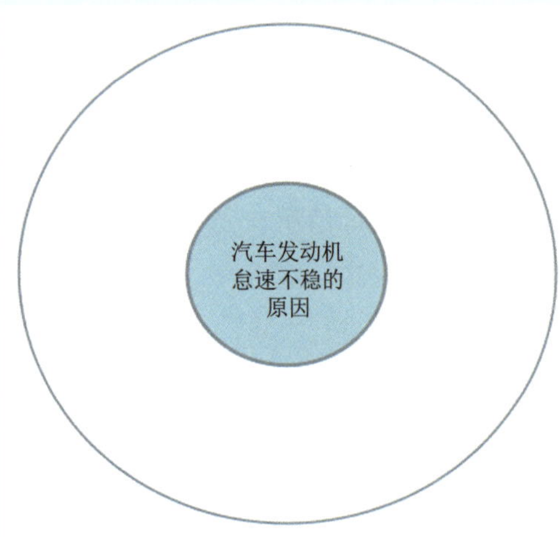

汽车发动机怠速不稳原因分析图

安全教育与防护要求

请大声说出检修发动机怠速不稳安全与防护要求，做好防护准备，同时进行自检和互检。若已完成，请在方框内用铅笔打“√”。

☐ 工作服穿戴“四紧”，穿工鞋，戴工帽；

☐ 不佩戴手表等金属首饰；

☐ 严禁摆弄与本次任务无关的设备和工具；

☐ 遵守场地安全规定，注意用电安全；

☐ 严禁嬉戏打闹。

微组织 1：老师检查纠错，学生改正错误。微评价：☆☆☆☆☆

项目实施

任务一　检修进气系统

步骤一　作业准备

请认真列出作业准备项目和内容，对照表 2-1-1 核准检查项目内容。若已准备，请在方框里画上“√”；若有遗漏，请补充后画上“√”。

表 2-1-1　检修进气系统作业准备情况检查表

项目	内容
作业场地	配有尾气抽排系统和消防设施的汽车维修作业场地□
设备设施	大众迈腾 1.8T 汽车□　举升工位□　汽车维修三件套□　垃圾桶□
工量辅具	常用工具□　数字万用表□　气缸压力表□　故障诊断仪□　真空表□　208 接线盒□
耗材	线束□　干净抹布□　节气门积炭清洗剂□

微组织 1：老师检查纠错，学生改正错误。微评价：☆☆☆☆☆

步骤二　检修进气系统

1. 请观察老师铺设汽车维修三件套示范动作，并模仿重复操作，结合老师讲解、查阅教材，使用故障诊断仪读取故障码，并将故障码认真记录在表 2-1-2 中。

表 2-1-2　故障码列表

步骤	故障内容
1	
2	
3	
4	

微组织 2：老师检查纠错，学生改正错误。微评价：☆☆☆☆☆

2. 请尝试在实车上查找进气系统具体位置，并对其线束、插接器、管路等进行常规外观检查，将检验结果填写在下面思维导图中，见图 2-1-1。

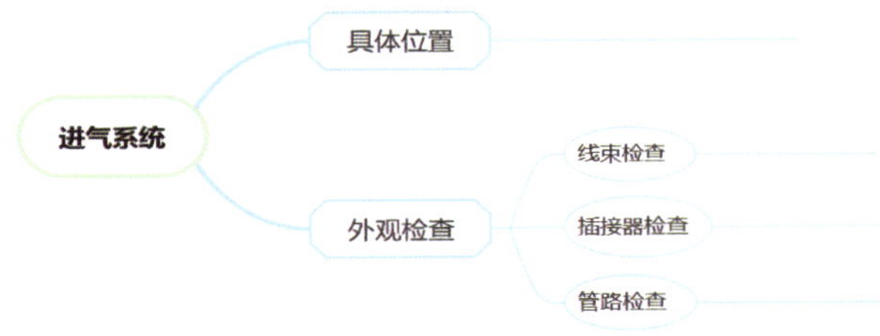

图 2-1-1　进气系统外观检查

微组织 3：老师检查纠错，学生改正错误。微评价：☆☆☆☆☆

3. 请准备气缸压力表，铺好维修三件套，对车辆进行气缸压力检测，气缸压力检测步骤见表 2-1-3。

表 2-1-3　气缸压力检测步骤

步骤	气缸压力检测
1	
2	
3	
4	
5	
6	
7	
⋮	

微组织 4：老师检查纠错，学生改正错误。微评价：☆☆☆☆☆

4. 请准备好真空表，铺好维修三件套，检测进气系统真空度，具体检测步骤见表 2-1-4。

表 2-1-4　真空度检测

步骤	真空度检测
1	
2	
3	
4	
5	
⋮	

微组织 5：老师检查纠错，学生改正错误。微评价：☆☆☆☆☆

5. 请按照正确工艺流程对节气门阀体进行检查分析，并将推断过程用铅笔整理到下面思维导图中，见图 2-1-2。

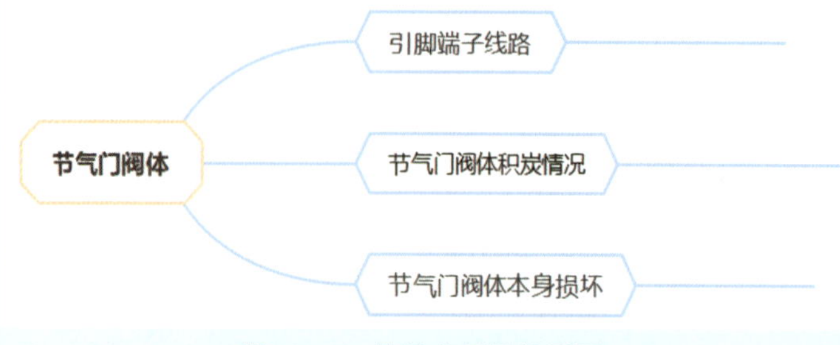

图 2-1-2　故障分析思维导图

微组织 6：老师检查纠错，学生改正错误。微评价：☆☆☆☆☆

6. 请确定故障点，将具体故障内容整理好，及时排除故障，整理好排故步骤，完成下面思维导图，见图 2-1-3。

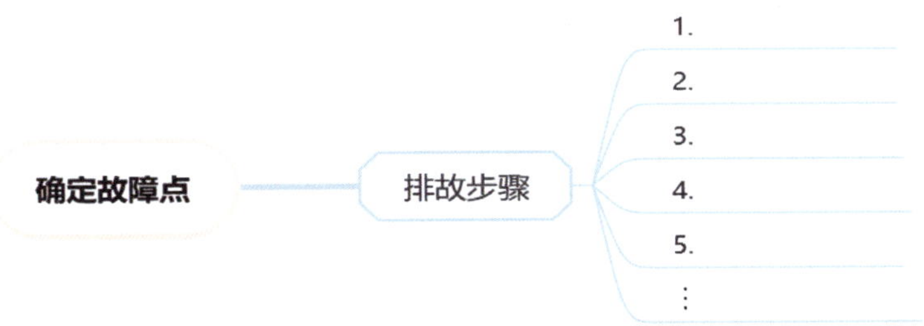

图 2-1-3　故障排除思维导图

微组织 7：老师检查纠错，学生改正错误。微评价：☆☆☆☆☆

步骤三　试车，交付车辆

7. 对车主的迈腾 1.8T 车辆进行着车试车，检验车辆怠速是否恢复正常？

微组织 8：老师检查纠错，学生改正错误。微评价：☆☆☆☆☆

8. 请尝试利用鱼骨图总结进气系统故障检修流程，见图 2-1-4。

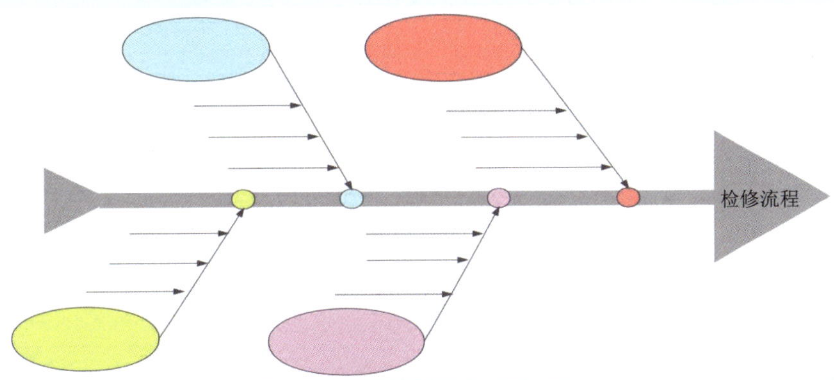

图 2-1-4　进气系统故障检修流程图

微组织 9：老师检查纠错，学生改正错误。微评价：☆☆☆☆☆

任务二　检修喷油系统

步骤一　作业准备

请认真列出作业准备项目和内容，对照表 2-2-1 核准检查项目内容。若已准备，请在方框里画上“√”；若有遗漏，请补充后画上“√”。

表 2-2-1　检修喷油系统作业准备情况检查表

项目	内容
作业场地	配有尾气抽排系统和消防设施的汽车维修作业场地□
设备设施	大众迈腾 1.8T 汽车□　举升工位□　汽车维修三件套□　垃圾桶□
工量辅具	常用工具□　数字万用表□　数字示波器□　故障诊断仪□　工具车□　208 接线盒□
耗材	线束□　干净抹布□　喷油器□　熔丝□

微组织 1：老师检查纠错，学生改正错误。微评价：☆☆☆☆☆

步骤二　检修喷油系统

1. 请观察老师铺设汽车维修三件套示范动作，并模仿重复操作，结合老师讲解、查阅教材，使用故障诊断仪读取故障码，并将故障码认真记录在表 2-2-2 中。

表 2-2-2　故障码列表

步骤	故障内容
1	
2	
3	
4	

微组织 2：老师检查纠错，学生改正错误。微评价：☆☆☆☆☆

2. 请铺设汽车维修三件套，利用故障诊断仪对喷油器进行执行元件诊断测试，将测试结果记录在表 2-2-3 中。

表 2-2-3　执行元件测试表

步骤	执行元件测试
1	
2	
3	
4	

微组织 3：老师检查纠错，学生改正错误。微评价：☆☆☆☆☆

3. 观察老师讲解示波器示范操作，运用示波器读取喷油器工作波形，检验波形是否正常，将正确波形绘制到下面方框内。

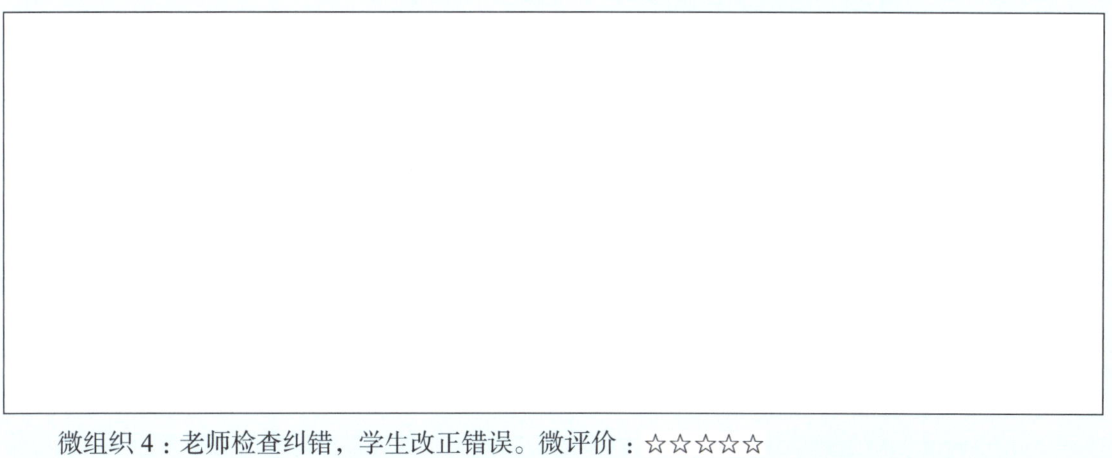

微组织 4：老师检查纠错，学生改正错误。微评价：☆☆☆☆☆

4. 请查找汽车维修电路图，并将喷油器电路图绘制到下面方框内。

微组织 5：老师检查纠错，学生改正错误。微评价：☆☆☆☆☆

5. 请尝试在实车上查找喷油器具体位置，并对其线束、插接器、管路等进行常规外观检查，将检验结果填写在下面思维导图中，见图 2-2-1。

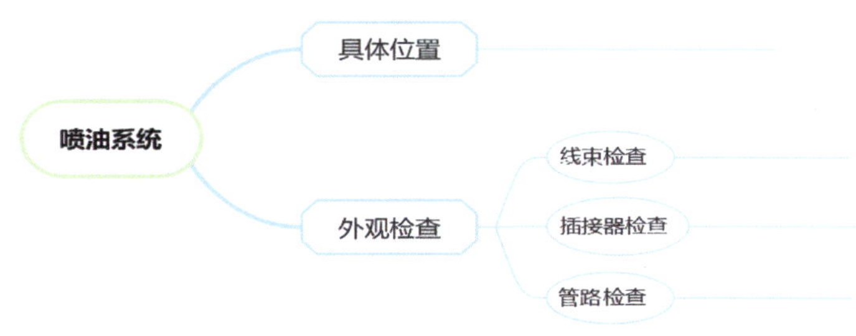

图 2-2-1　喷油系统外观检查

微组织 6：老师检查纠错，学生改正错误。微评价：☆☆☆☆☆

6. 请使用万用表完成对喷油器引脚端子检测，并整理端子检测结果将其记录到表 2-2-4 中。

表 2-2-4　喷油器端子检测表

引脚端子	引脚含义	检测结果
端子 T8y/3	正极端子	
T60/47 端子	J623 控制单元正极输出端子	
端子 T8y/4	负极端子	
T60/49 端子	J623 控制单元正极输出端子	

微组织 7：老师检查纠错，学生改正错误。微评价：☆☆☆☆☆

7. 根据喷油器引脚端子检测结果分析推断其故障原因，并将推断过程用铅笔整理到下面思维导图中，见图 2-2-2。

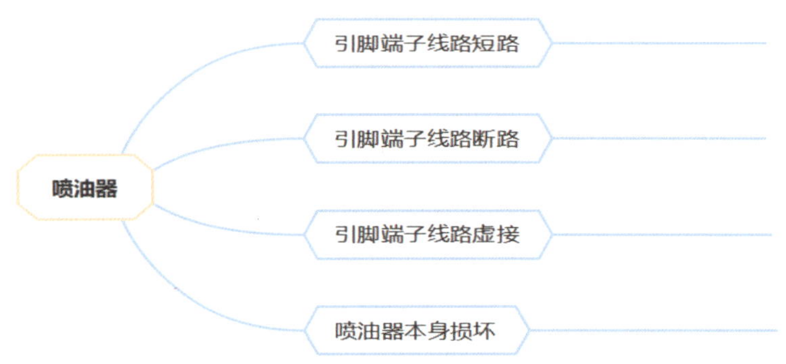

图 2-2-2　故障分析思维导图

微组织 8：老师检查纠错，学生改正错误。微评价：☆☆☆☆☆

8. 请再次确定故障点，将具体故障内容整理好，及时排除故障，整理好排故步骤，完成下面思维导图，见图 2-2-3。

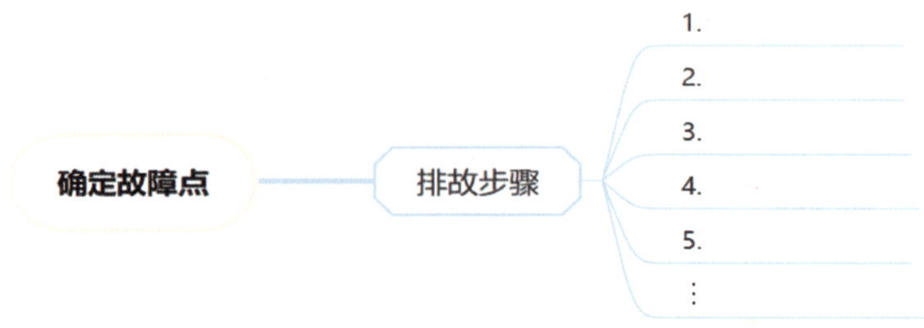

图 2-2-3　故障排除思维导图

微组织 9：老师检查纠错，学生改正错误。微评价：☆☆☆☆☆

9. 观察老师讲解示波器示范操作，运用示波器重新读取喷油器波形，检验波形是否正常，将正确波形绘制到下面方框内。

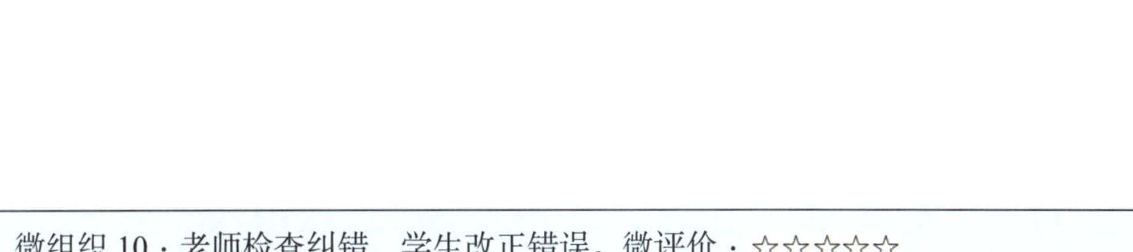

微组织 10：老师检查纠错，学生改正错误。微评价：☆☆☆☆☆

步骤三　试车，交付车辆

10. 对车主的迈腾 1.8T 车辆进行着车试车，检验车辆怠速抖动是否恢复正常？

微组织 11：老师检查纠错，学生改正错误。微评价：☆☆☆☆☆

11. 请尝试利用鱼骨图总结喷油系统故障检修流程，见图 2-2-4。

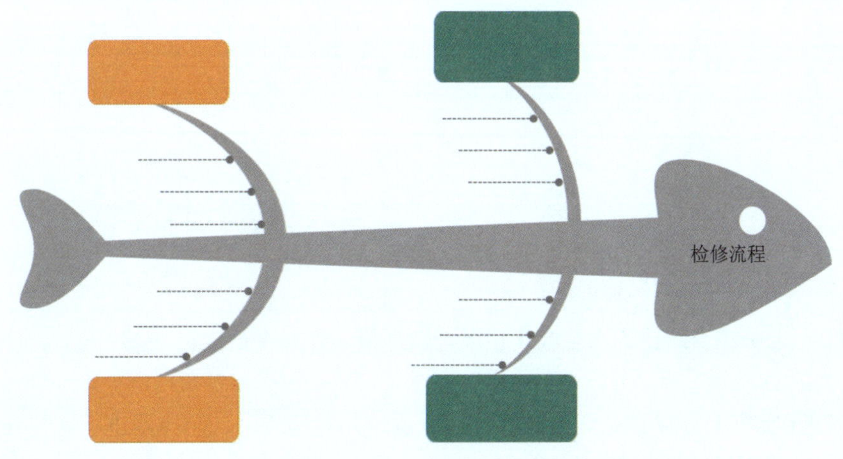

图 2-2-4　喷油系统故障检修流程图

微组织 12：老师检查纠错，学生改正错误。微评价：☆☆☆☆☆

任务三 检修单缸失火

步骤一 作业准备

请认真列出作业准备项目和内容，对照表 2-3-1 核准检查项目内容。若已准备，请在方框里画上“√”；若有遗漏，请补充后画上“√”。

表 2-3-1 检修单缸失火作业准备情况检查表

项目	内容
作业场地	配有尾气抽排系统和消防设施的汽车维修作业场地□
设备设施	大众迈腾 1.8T 汽车□ 举升工位□ 汽车维修三件套□ 垃圾桶□ 集油车□
工量辅具	常用工具□ 数字万用表□ 数字示波器□ 故障诊断仪□ 208 接线盒□ 火花塞专用套筒□
耗材	线束□ 干净抹布□ 火花塞□ 熔丝□ 独立点火线圈□

微组织 1：老师检查纠错，学生改正错误。微评价：☆☆☆☆☆

步骤二 检修单缸失火

1. 请观察老师铺设汽车维修三件套示范动作，并模仿重复操作，结合老师讲解、查阅教材，使用故障诊断仪读取故障码，并将故障码认真记录在表 2-3-2 中。

表 2-3-2 故障码列表

步骤	故障内容
1	
2	
3	
4	

微组织 2：老师检查纠错，学生改正错误。微评价：☆☆☆☆☆

2. 请尝试在实车上查找独立点火线圈具体位置，并对其线束、插接器进行常规外观检查，将检验结果填写在下面思维导图中，见图 2-3-1。

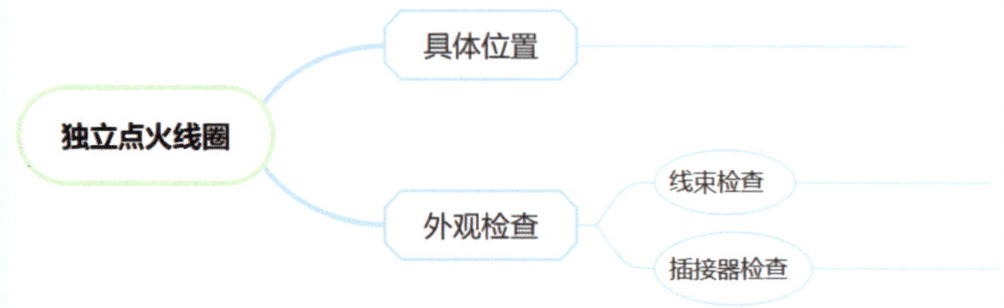

图 2-3-1 独立点火线圈外观检查

微组织 3：老师检查纠错，学生改正错误。微评价：☆☆☆☆☆

3. 请查找汽车维修电路图，并将独立点火线圈电路图绘制到下面方框内。

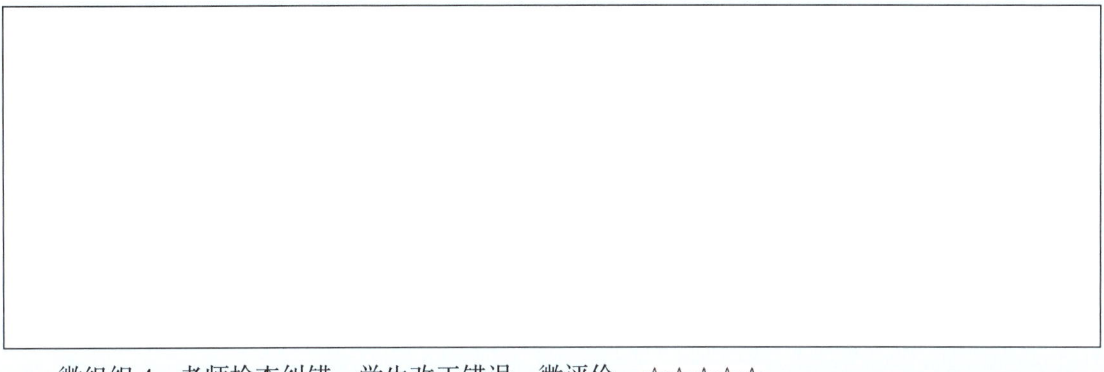

微组织 4：老师检查纠错，学生改正错误。微评价：☆☆☆☆☆

4. 请使用万用表完成对独立点火线圈引脚端子检测，并整理端子检测结果将其记录到表 2-3-3 中。

表 2-3-3　独立点火线圈端子检测表

引脚端子	引脚含义	检测结果
1 号端子	点火控制模块搭铁端	
2 号端子	点火线圈搭铁端	
3 号端子	供电电压，点火开关打开时，电源为点火控制器提供的工作电压 12 V，同时也是点火线圈一次绕组工作电压	
4 号端子	ECU 输出给点火控制器控制各缸点火线圈一次绕组电路通断的控制信号	

微组织 5：老师检查纠错，学生改正错误。微评价：☆☆☆☆☆

5. 请根据独立点火线圈引脚端子检测结果分析推断其故障原因，并将推断过程用铅笔整理到下面思维导图中，见图 2-3-2。

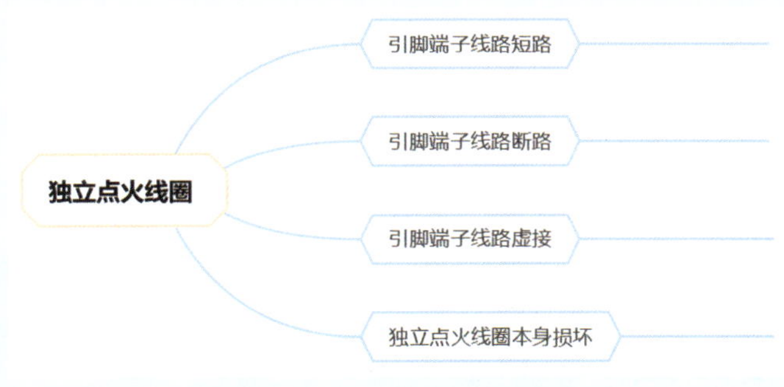

图 2-3-2　故障分析思维导图

微组织 6：老师检查纠错，学生改正错误。微评价：☆☆☆☆☆

6. 观察老师讲解示波器示范操作，运用示波器重新读取点火线圈信号波形，检验波形是否正常，将正确波形绘制到下面方框内。

微组织 7：老师检查纠错，学生改正错误。微评价：☆☆☆☆☆

7. 请再次确定故障点，将具体故障内容整理好，及时排除故障，整理好排故步骤，完成下面思维导图，见图 2-3-3。

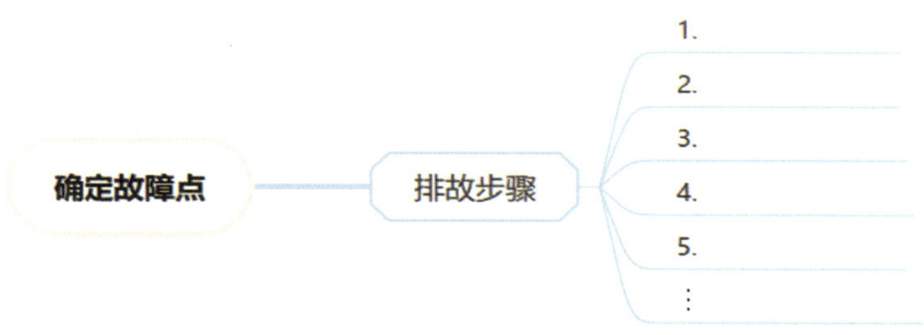

图 2-3-3　故障排除思维导图

微组织 8：老师检查纠错，学生改正错误。微评价：☆☆☆☆☆

步骤三　试车，交付车辆

8. 对车主的迈腾 1.8T 车辆进行着车试车，检验车辆怠速是否恢复正常？

微组织 9：老师检查纠错，学生改正错误。微评价：☆☆☆☆☆

9. 请尝试利用鱼骨图总结单缸失火故障检修流程，见图 2-3-4。

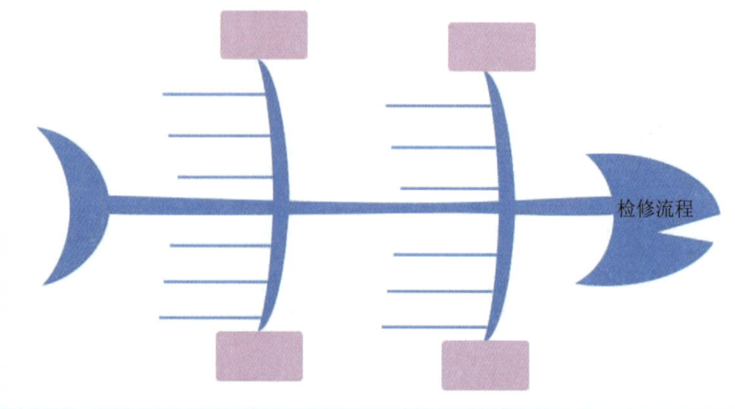

图 2-3-4　单缸失火故障检修流程图

微组织 10：老师检查纠错，学生改正错误。微评价：☆☆☆☆☆

任务四　检修氧传感器

步骤一　作业准备

请认真列出作业准备项目和内容，对照表 2-4-1 核准检查项目内容。若已准备，请在方框里画上“√”；若有遗漏，请补充后画上“√”。

表 2-4-1　检修氧传感器作业准备情况检查表

项目	内容
作业场地	配有尾气抽排系统和消防设施的汽车维修作业场地□
设备设施	大众迈腾 1.8T 汽车□　举升工位□　汽车维修三件套□　垃圾桶□　集油车□
工量辅具	常用工具□　数字万用表□　数字示波器□　故障诊断仪□　208 接线盒□
耗材	线束□　干净抹布□　氧传感器□

微组织 1：老师检查纠错，学生改正错误。微评价：☆☆☆☆☆

步骤二　检修氧传感器

1. 请观察老师铺设汽车维修三件套示范动作，并模仿重复操作，结合老师讲解、查阅教材，使用故障诊断仪读取故障码，并将故障码认真记录在表 2-4-2 中。

表 2-4-2　故障码列表

步骤	故障内容
1	
2	
3	
4	

微组织 2：老师检查纠错，学生改正错误。微评价：☆☆☆☆☆

2. 请铺设汽车维修三件套，利用故障诊断仪对氧传感器进行数据流读取，将读取结果记录在表 2-4-3 中。

表 2-4-3　数据流记录表

步骤	读取数据流
1	
2	
3	
4	

微组织 3：老师检查纠错，学生改正错误。微评价：☆☆☆☆☆

3. 请尝试在实车上查找氧传感器具体位置，并对其线束、插接器进行常规外观检查，将检验结果填写在下面思维导图中，见图 2-4-1。

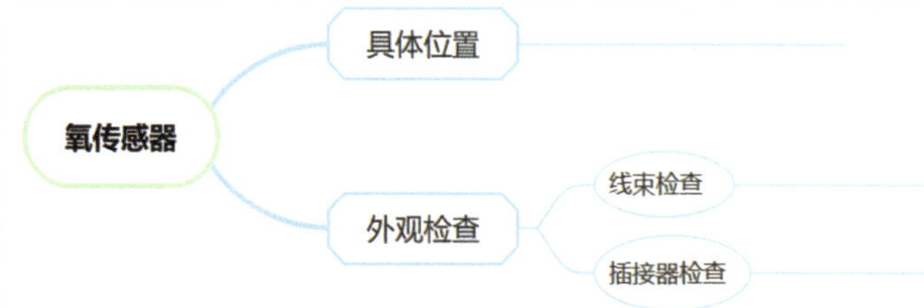

图 2-4-1　氧传感器外观检查

微组织 4：老师检查纠错，学生改正错误。微评价：☆☆☆☆☆

4. 请查找汽车维修电路图，并将氧传感器电路图绘制到下面方框内。

微组织 5：老师检查纠错，学生改正错误。微评价：☆☆☆☆☆

5. 请使用万用表完成对氧传感器引脚端子检测，并整理端子检测结果将其记录到表 2-4-4 中。

表 2-4-4　氧传感器端子检测表

引脚端子	引脚含义	检测结果
前氧传感器 G39 T6w/1、T6w/2、T6w/3、T6w/4、T6w/5、T6w/6	T6w/1 为泵氧单元的初始信号端子；T6w/2 为氧电池单元与泵氧单元的共用参考接地端子；T6w/3 为加热器 ECU 控制的搭铁端子；T6w/4 为加热器 12 V 电源；T6w/5 为校准后的泵氧单元的信号端子；T6w/6 为氧电池单元的信号端子	
后氧传感器 G130 T4no/1、T4no/2、T4no/3、T4no/4	T4no/1、T4no/2 为加热器端子；T4no/3、T4no/4 为氧传感器端子	

微组织 6：老师检查纠错，学生改正错误。微评价：☆☆☆☆☆

6. 请根据氧传感器引脚端子检测结果分析推断其故障原因，并将推断过程用铅笔整理到下面思维导图中，见图 2-4-2。

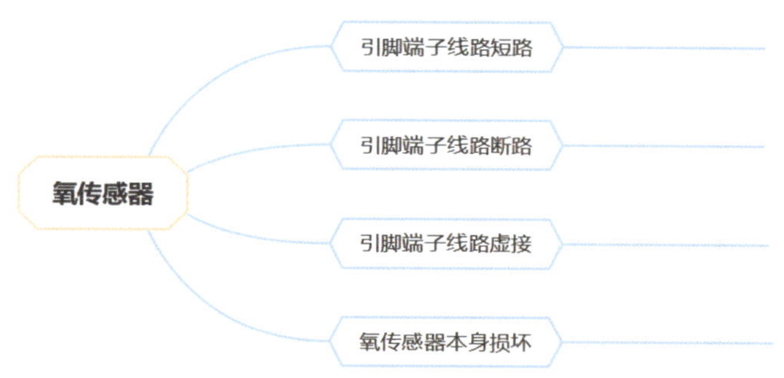

图 2-4-2　故障分析思维导图

微组织 7：老师检查纠错，学生改正错误。微评价：☆☆☆☆☆

7. 观察老师讲解示波器示范操作，运用示波器重新读取氧传感器信号波形，检验波形是否正常，将正确波形绘制到下面方框内。

微组织 8：老师检查纠错，学生改正错误。微评价：☆☆☆☆☆

8. 请再次确定故障点，将具体故障内容整理好，及时排除故障，整理好排故步骤，完成下面思维导图，见图 2-4-3。

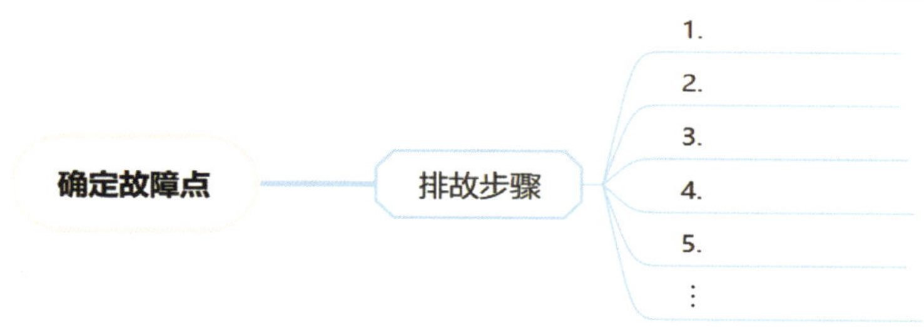

图 2-4-3　故障排除思维导图

微组织 9：老师检查纠错，学生改正错误。微评价：☆☆☆☆☆

步骤三　试车，交付车辆

9. 对车主的迈腾 1.8T 车辆进行着车试车，检验车辆怠速是否恢复正常？

微组织 10：老师检查纠错，学生改正错误。微评价：☆☆☆☆☆

10. 请尝试利用鱼骨图总结氧传感器故障检修流程，见图 2-4-4。

图 2-4-4　氧传感器故障检修流程图

微组织 11：老师检查纠错，学生改正错误。微评价：☆☆☆☆☆

练习

1. 判断题

（1）节气门驱动马达损坏发动机将无法加速。（　　）

（2）怠速控制阀卡滞不能打开、节气门阀体处太脏，导致进气量严重不足。（　　）

（3）气缸磨损过大、进排气门关闭不严，导致气缸压力严重不足。（　　）

（4）发动机体、活塞连杆机构的这些故障都会使个别气缸功率下降过多，从而使各气缸功率不平衡。（　　）

（5）燃油品质变差可能导致发动机不能正常燃烧。（　　）

（6）发动机油路油压过低会导致发动机动力不足。（　　）

（7）点火正时错误不会导致发动机动力不足。（　　）

2. 选择题

（1）进气系统导致发动机怠速不稳的可能原因是（　　）。

A. 进气总管卡子松动或胶管破裂　　B. 喷油器密封圈漏气

C. 废气再循环（EGR）阀关闭不严等　　D. 真空管插头脱落、破裂

（2）发动机怠速不稳，不可能因为（　　）。

A. 油压调节器损坏　　B. 爆震传感器损坏

C. 节气门位置传感器损坏　　D. 点火能量不足

（3）下列（　　）可能会导致发动机怠速运转不稳。

A. 个别喷油器不工作　　B. 某缸火花塞损坏

C. 进气温度传感器故障　　D. 燃油泵工作不良

（4）导致发动机怠速不稳的原因，不可能的是（　　）。

A. 空气流量计损坏　　B. 燃油压力过低

C. 进气温度传感器损坏　　D. 电动汽油泵单向阀关闭不严

（5）下列（　　）最可能引起发动机冷车怠速不稳。

A. 喷油器滴漏　　B. 燃油压力过高

C. 水温传感器故障　　D. 爆震传感器损坏

案例

案例一：汽车学徒工进行燃油压力检测时，引发汽油四溅。

某汽车修理厂在快要下班时来了一辆问题车辆，车主反映该车油路好像存在问题，想做个燃油压力检测。于是修理厂的学徒工准备对这辆车进行燃油压力检测，为了能够早点下班回家，该学徒工没有听师傅昔日的嘱咐："测油压要先泄压再检测"。该学徒工准备好燃油压力表和工具就直接对车辆进行燃油压力检测。在拆卸供油管路准备接燃油压力表时，由于没有提前泄压，导致油管里的燃油四溅，不仅喷到发动机舱内还喷了自己一身燃油，幸好没有喷到自己的眼睛。该学徒工吓了一身冷汗，这时想起师傅的嘱咐，后悔已经晚了，索性没有造成事故伤亡。

车辆熄火后，为了保证车辆下一次能够顺利启动，燃油供给管路中都会残留一定的燃油压力，称为保持压力，压力一般在 3 bar 以上，为下一次启动预供油做准备。

因此，维修技术人员在对车辆进行燃油压力检测时，一定要先泄掉燃油管路的保持压力，再进行检测，否则大量燃油喷射会造成火灾或者人员伤亡。

案例二：车辆更换氧传感器后，导致发动机怠速不稳，油耗增大。

某汽车修理厂一学徒工小张和师傅一起对客户车辆进行维修时，对该车进行了前氧传感器的更换。车辆维修完毕后，车主开了半个月后发现自己的爱车怠速不稳，油耗还突然增大。车主很是疑惑，于是将车开回到汽车修理厂咨询产生问题的原因。小张的师傅听到客户描述后，初步判断是氧传感器的问题，可是前几天小张刚刚更换一个新的氧传感器呀！正当师傅疑虑不解的时候，小张突然想起当时更换氧传感器时的一个"小插曲"，小张在取新氧传感器时，不小心将氧传感器的头部磕在了举升机的立柱上，当时小张怕被师傅责骂就没有跟师傅说这件事。现在师傅诊断出可能是氧传感器的问题，还是老实交代吧，看看是不是自己闯下的祸。小张跟师傅如实汇报了当时的"小插曲"。师傅这下才恍然大悟，可能就是这个原因，估计是氧传感器的陶瓷碎裂了。于是赶忙将前几天更换的氧传感器拆卸检查，结果真的被师傅说中了，氧传感器的陶瓷碎裂了。小张的师傅重新更换一个新的氧传感器，故障排除。

氧传感器的陶瓷硬而脆，用硬物敲击或用强烈气流吹洗，都可能使其碎裂而失效。因此，因此，维修人员在对氧传感器进行检查更换时一定要多加小心，确保氧传感器完好无损。

案例三：发动机进行跳火实验，导致被电击。

某 4S 店一名实习维修工，在对车辆点火系统进行检修时，为了检查点火线圈是否提供高压火，于是准备对发动机进行跳火实验。该实习维修工在进行跳火实验时，严格按照师傅的教导一步一步进行，一切工作准备就绪，该实习维修工叫来另一名同期实习维修工帮忙，让他到驾驶室内帮助他起动发动机。就在同事起动发动机的瞬间，该实习维修工脚下一滑，手不由地向上一抖，身体一激灵，身体瞬间很麻，遭到了电击。于是他俩跑到师傅面前询问原因，师傅解释："做跳火实验时一定要控制正负极之间间隙，过大容易遭到电击。"

汽车点火系统进行高压跳火实验时，一定要保证被检测的火花塞距离发动机体表面（金属部分）1~2 mm 的地方，并保持不动，然后再起动发动机，看此时高压线和发动机金属体之间有无火花出现，如果距离太大，会导致火花塞漏电，维修人员将遭到触电。

因此，维修技术人员在对点火系统进行跳火实验时，一定要认真专注，确保自身安全。

案例四：爆震传感器紧固螺栓力矩过小，导致车辆加速无力。

某汽车修理厂一学徒工，在对桑塔纳 2000 型时代超人事故车辆进行维修时，在安装爆震传感器时，没有按照师傅平时教导的要求去做，一心想着快点维修完毕，早点下班回家。于是该学徒工没有按照维修手册的力矩要求拧紧爆震传感器的紧固螺栓。维修完毕后车主取回自己爱车，发现自己的爱车突然出现了加速无力，油耗增加的现象。于是车主将爱车开回到汽车修理厂进行咨询。

经过维修厂专业师傅仔细查验发现该车在安装爆震传感器时没有按照技术要求将紧固螺栓拧紧，这样就导致了传感器内惯性配重的预压力不足，惯性配重随发动机的振动增加，施加到压电元件上的力过大，导致压电元件向发动机的 ECU 输出较高电压，使 ECU 错认为发动机发生了爆震而将点火时间推迟，最后出现车主描述的故障现象。通过维修厂专业师傅的处理，该车故障现象消失了。修理厂学徒工见到此种状况，心里非常害怕和惭愧，于是主动去找师傅承认错误。

车辆爆震传感器对紧固螺栓拧紧力矩有严格要求，否则，会向发动机 ECU 传递错误信号，使发动机工作不良。因此，维修人员在对车辆爆震传感器检修拆装时，一定要保证周围清洁的前提下使用扭力扳手按照车辆要求的标准力矩拧紧爆震传感器的紧固螺栓。

案例五：更换汽车空气滤清器后，导致发动机响声发闷、加速反应迟缓、运转无力。

某汽车修理厂一学徒工小赵，在对客户车辆进行维护保养时，没有做到细心认真，全神贯注。他在对空气滤清器进行更换时，一边更换空气滤清器一边与同事闲聊，导致将自己摘下来的线手套落在了空气滤清器的管道中。车主保养完后，驾驶车辆发现自己的爱车发动机响声发闷、加速反应迟缓、运转无力。这与之前保养完后的效果完全不一样。于是将车开到修理厂查看原因。经过修理厂的技术总监仔细查询，发现空气滤清器的管道中有一只线手套，找到了问题的原因。同时技术总监也把当时负责更换空气滤清器的学徒工小赵狠狠地批评了一顿，扣了 100 元钱。

空气滤清器的作用：发动机在工作过程中要吸进大量的空气，如果空气不经过滤清，空气中悬浮的尘埃被吸入气缸中，就会加速活塞组及气缸的磨损。较大的颗粒进入活塞与气缸之间，会造成严重的拉缸现象。空气滤清器的管道或者滤芯被尘垢堵塞后，由于进气量严重不足，发动机会导致响声发闷、加速反应迟缓、运转无力、水温升高、尾气呈灰黑色现象。

因此，维修人员在进行车辆维护保养更换空气滤清器时，一定要按照正确工艺流程认真更换。

笔记栏

项目三　检修汽车发动机无法启动

项目任务单

项目描述	完成大众迈腾 1.8T 汽车发动机无法启动故障诊断与维修作业
项目要求	符合大众迈腾 1.8T 汽车发动机技术要求和标准，正确使用专用工量具、专用检测仪器，完成发动机无法启动故障检修作业。 （1）检修蓄电池亏电； （2）检修起动机不转； （3）检修燃油泵控制系统； （4）检修点火系统失效； （5）检修凸轮轴位置传感器
学习目标	（1）准确描述蓄电池、起动机、燃油泵控制系统故障诊断方法； （2）准确描述燃油泵控制系统、点火系统失效、凸轮轴位置传感器故障诊断方法； （3）规范地对汽车蓄电池亏电进行检修； （4）规范地对汽车起动机不转进行检修； （5）规范地对燃油泵控制系统故障进行检修； （6）规范地对点火系统失效故障进行检修； （7）规范地对凸轮轴位置传感器进行检修； （8）养成安全、环保、“5S”作业的好习惯； （9）养成精益求精的工作观
项目载体	大众迈腾 1.8T 发动机如下图
计划学时	24~30 学时

<table>
<tr><td rowspan="2">工作页</td><td>上课地点</td><td></td><td>学生姓名</td><td></td><td>完成 / 未完成</td></tr>
<tr><td>任课教师</td><td></td><td>上课时间</td><td></td><td>优 / 良 / 中 / 及格</td></tr>
</table>

项目导入

近期二手车行低价收购一辆大众迈腾 1.8T 汽车，这辆车暂时无法启动。经过二手车行专业维修人员对大众迈腾 1.8T 这款车进行全车检查后，发现该车蓄电池严重亏电、起动机不工作、燃油泵不泵油、点火系统不工作、凸轮轴位置传感器工作异常。为了整备这辆大众迈腾 1.8T 这款车，维修人员准备从蓄电池、起动系统、燃油泵控制系统、点火系统、凸轮轴位置传感器入手，逐一进行故障排查，修好这辆二手车。

想一想

请同学们尝试着说出导致汽车发动机无法启动的原因都有哪些？并将自己的总结分析用铅笔记录到下面圆圈图中。

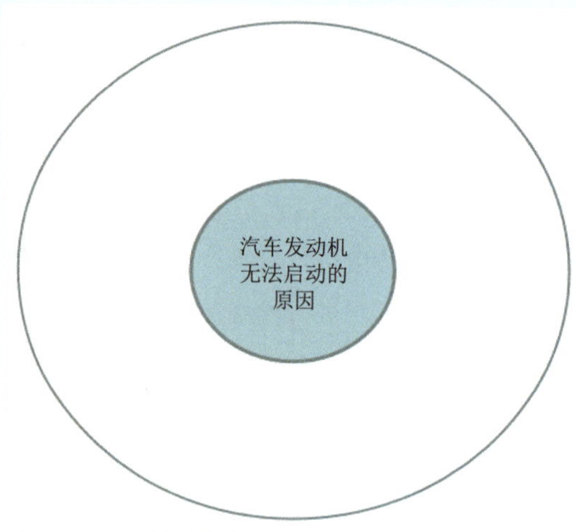

汽车发动机无法启动原因分析图

安全教育与防护要求

请大声说出检修发动机无法启动安全与防护要求，做好防护准备，同时进行自检和互检。若已完成，请在方框内用铅笔打“√”。

☐ 工作服穿戴“四紧”，穿工鞋，戴工帽；

☐ 不佩戴手表等金属首饰；

☐ 严禁摆弄与本次任务无关的设备和工具；

☐ 遵守场地安全规定，注意用电安全；

☐ 严禁嬉戏打闹。

微组织 1：老师检查纠错，学生改正错误。微评价：☆☆☆☆☆

项目实施

任务一　检修蓄电池亏电

步骤一　作业准备

请认真列出作业准备项目和内容，对照表 3-1-1 核准检查项目内容。若已准备，请在方框里画上“√”；若有遗漏，请补充后画上“√”。

表 3-1-1　检修蓄电池亏电作业准备情况检查表

项目	内容
作业场地	配有尾气抽排系统和消防设施的汽车维修作业场地□
设备设施	大众迈腾 1.8T 汽车□　举升工位□　汽车维修三件套□　垃圾桶□
工量辅具	常用工具□　数字万用表□　蓄电池检测仪□　启动充电机□　吹尘枪□　搭火线□
耗材	线束□　干净抹布□　蓄电池□

微组织 1：老师检查纠错，学生改正错误。微评价：☆☆☆☆☆

步骤二　检修蓄电池亏电

1. 请尝试在实车上查找蓄电池具体位置，并对其线束、正负极接线柱等进行常规外观检查，将检验结果填写在下面思维导图中，见图 3-1-1。

图 3-1-1　蓄电池外观检查

微组织 2：老师检查纠错，学生改正错误。微评价：☆☆☆☆☆

2. 请观察老师铺设汽车维修三件套示范动作，并模仿重复操作，结合老师讲解检测蓄电池电压，见表 3-1-2。

表 3-1-2　蓄电池电压检测

步骤	蓄电池电压检测流程
1	
2	
3	
4	

微组织 3：老师检查纠错，学生改正错误。微评价：☆☆☆☆☆

3. 请准备搭火线和救援车辆或者电量充足的蓄电池，铺好维修三件套，对车辆进行对火，启动发动机。汽车对火的步骤见表 3-1-3。

表 3-1-3　汽车对火步骤

步骤	汽车对火步骤
1	
2	
3	
4	
5	
6	
7	
⋮	

微组织 4：老师检查纠错，学生改正错误。微评价：☆☆☆☆☆

4. 咨询客户，准备好蓄电池检测仪，铺好维修三件套，检测蓄电池使用寿命，具体检测步骤见表 3-1-4。

表 3-1-4　蓄电池寿命检测

步骤	蓄电池寿命检测步骤
1	
2	
3	
4	
5	
6	
7	
⋮	

微组织 5：老师检查纠错，学生改正错误。微评价：☆☆☆☆☆

5. 请确定故障点，将具体故障内容整理好，及时排除故障，整理好排故步骤，完成下面思维导图，见图 3-1-2。

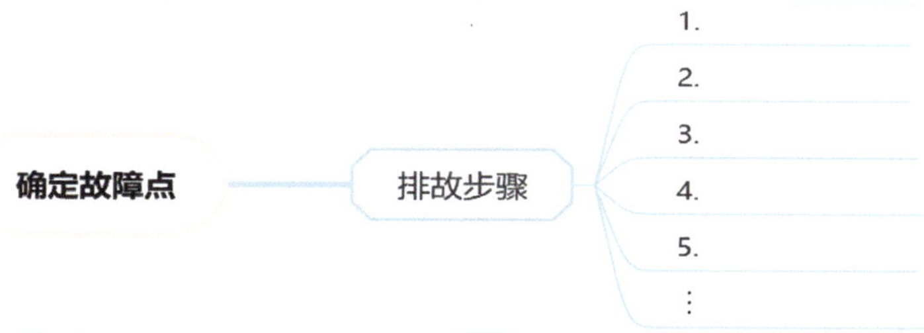

图 3-1-2　故障排除思维导图

微组织 6：老师检查纠错，学生改正错误。微评价：☆☆☆☆☆

6. 请准备新的电量充足的蓄电池，铺好维修三件套，对车辆蓄电池进行更换，具体更换步骤见表 3-1-5。

表 3-1-5　更换蓄电池步骤

步骤	更换蓄电池步骤
1	
2	
3	
4	
5	

微组织 7：老师检查纠错，学生改正错误。微评价：☆☆☆☆☆

步骤三　试车，交付车辆

7. 对车主的迈腾 1.8T 车辆进行着车试车，检验车辆是否能够正常起动？

微组织 8：老师检查纠错，学生改正错误。微评价：☆☆☆☆☆

8. 请尝试利用鱼骨图总结蓄电池亏电故障检修流程，见图 3-1-3。

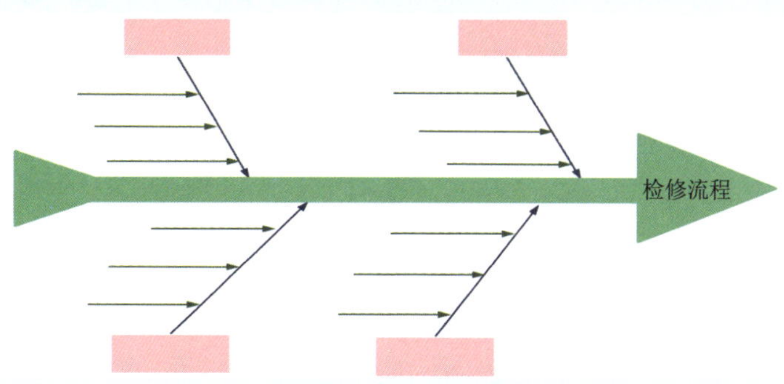

图 3-1-3　蓄电池亏电故障检修流程图

微组织 9：老师检查纠错，学生改正错误。微评价：☆☆☆☆☆

任务二　检修起动机不转

步骤一　作业准备

请认真列出作业准备项目和内容，对照表 3-2-1 核准检查项目内容。若已准备，请在方框里画上“√”；若有遗漏，请补充后画上“√”。

表 3-2-1　检修起动机不转作业准备情况检查表

项目	内容
作业场地	配有尾气抽排系统和消防设施的汽车维修作业场地□
设备设施	大众迈腾 1.8T 汽车□　举升工位□　汽车维修三件套□　垃圾桶□
工量辅具	常用工具□　数字万用表□　数字示波器□　故障诊断仪□　维修手册□　208 接线盒□
耗材	线束□　干净抹布□　起动机□　熔丝□

微组织 1：老师检查纠错，学生改正错误。微评价：☆☆☆☆☆

步骤二　检修起动机不转

1. 请准备好万用表，观察老师铺设汽车维修三件套示范动作，并模仿重复操作，结合老师讲解检测车辆蓄电池电压，见表 3-2-2。

表 3-2-2　蓄电池电压检测

步骤	蓄电池电压检测步骤
1	
2	
3	
4	
5	

微组织 2：老师检查纠错，学生改正错误。微评价：☆☆☆☆☆

2. 请观察老师铺设汽车维修三件套示范动作，并模仿重复操作，结合老师讲解、查阅教材，使用故障诊断仪读取故障码，并将故障码认真记录在表 3-2-3 中。

表 3-2-3　故障码列表

步骤	故障内容
1	
2	
3	
4	

微组织 3：老师检查纠错，学生改正错误。微评价：☆☆☆☆☆

3. 请查找汽车维修电路图，并将起动机控制电路图绘制到下面方框内。

微组织 4：老师检查纠错，学生改正错误。微评价：☆☆☆☆☆

4. 请尝试在实车上查找起动机具体位置，并对其线束、插接器进行常规外观检查，将检验结果填写在下面思维导图中，见图 3-2-1。

图 3-2-1　起动机外观检查

微组织 5：老师检查纠错，学生改正错误。微评价：☆☆☆☆☆

5. 请使用万用表完成对起动机引脚端子检测，并整理端子检测结果将其记录到表 3-2-4 中。

表 3-2-4　起动机端子检测表

引脚端子	引脚含义	检测结果
30 端子	常火线供电	
T1V 端子	T1V 信号线	
接地	搭铁线	

微组织 6：老师检查纠错，学生改正错误。微评价：☆☆☆☆☆

6. 根据起动机引脚端子检测结果分析推断其故障原因，并将推断过程用铅笔整理到下面思维导图中，见图 3-2-2。

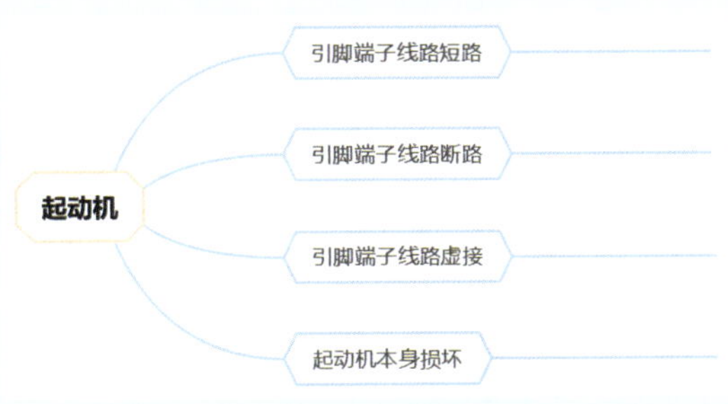

图 3-2-2　故障分析思维导图

微组织 7：老师检查纠错，学生改正错误。微评价：☆☆☆☆☆

7. 请再次确定故障点，将具体故障内容整理好，及时排除故障，整理好排故步骤，完成下面思维导图，见图 3-2-3。

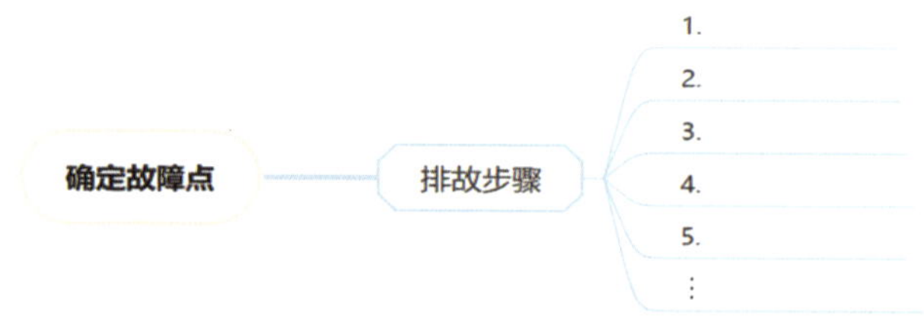

图 3-2-3　故障排除思维导图

微组织 8：老师检查纠错，学生改正错误。微评价：☆☆☆☆☆

8. 请准备维修工具，铺设汽车维修三件套，结合老师讲解更换起动机，见表 3-2-5。

表 3-2-5　起动机更换步骤

步骤	起动机更换步骤
1	
2	
3	
4	
5	

微组织 9：老师检查纠错，学生改正错误。微评价：☆☆☆☆☆

步骤三　试车，交付车辆

9. 对车主的迈腾 1.8T 车辆进行着车试车，检验车辆起动是否恢复正常？

微组织 10：老师检查纠错，学生改正错误。微评价：☆☆☆☆☆

10. 请尝试利用鱼骨图总结起动机不转故障检修流程，见图 3-2-4。

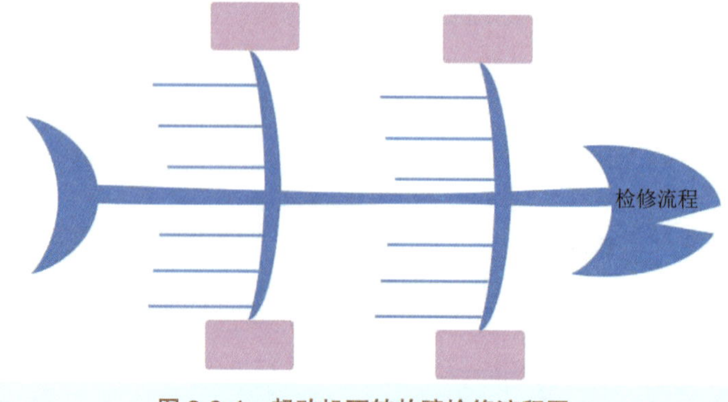

图 3-2-4　起动机不转故障检修流程图

微组织 11：老师检查纠错，学生改正错误。微评价：☆☆☆☆☆

任务三　检修燃油泵控制系统

步骤一　作业准备

请认真列出作业准备项目和内容，对照表 3-3-1 核准检查项目内容。若已准备，请在方框里画上“√”；若有遗漏，请补充后画上“√”。

表 3-3-1　检修燃油泵控制系统作业准备情况检查表

项目	内容
作业场地	配有尾气抽排系统和消防设施的汽车维修作业场地□
设备设施	大众迈腾 1.8T 汽车□　举升工位□　汽车维修三件套□　垃圾桶□　集油车□
工量辅具	常用工具□　数字万用表□　数字示波器□　故障诊断仪□　208 接线盒□　燃油压力表□
耗材	线束□　干净抹布□　燃油泵□　熔丝□　燃油泵控制单元□

微组织 1：老师检查纠错，学生改正错误。微评价：☆☆☆☆☆

步骤二　检修燃油泵控制系统

1. 请观察老师铺设汽车维修三件套示范动作，并模仿重复操作，结合老师讲解、查阅教材，使用故障诊断仪读取故障码，并将故障码认真记录在表 3-3-2 中。

表 3-3-2　故障码列表

步骤	故障内容
1	
2	
3	
4	

微组织 2：老师检查纠错，学生改正错误。微评价：☆☆☆☆☆

2. 请尝试在实车上利用故障诊断仪执行元件驱动功能来测试燃油泵运行，并将其测试结果记录下来，确认故障点，完成下面思维导图，见图 3-3-1。

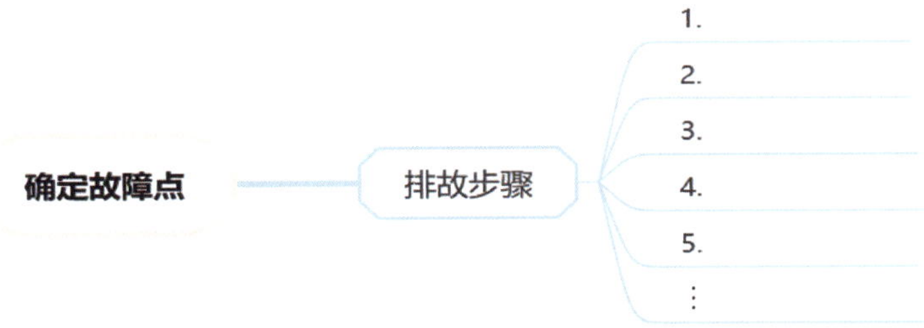

图 3-3-1　故障排除思维导图

微组织 3：老师检查纠错，学生改正错误。微评价：☆☆☆☆☆

3. 请查找汽车维修电路图，并将燃油泵控制系统电路图绘制到下面方框内。

微组织 4：老师检查纠错，学生改正错误。微评价：☆☆☆☆☆

4. 请使用万用表完成对燃油泵控制单元线路引脚端子检测，并整理端子检测结果将其记录到《燃油泵控制单元端子检测表》中，见表 3-3-3。

表 3-3-3 燃油泵控制单元端子检测表

引脚端子	引脚含义	检测结果
T5a/1、T5a/5 端子	T5a 中 T5a/1 与 T5a/5 连接燃油泵 G6	
T5a/2、T5a/3、T5a/4 端子	T5a/2、T5a/3、T5a/4 连接燃油表传感器 G	
T10p/1 端子	T10p 中 T10p/1 通过熔丝 SC36、SA6 与蓄电池正极 B＋相连接，为 J538 提供供电电源	
T10p/2 端子	T10p/2 与发动机控制单元 J623 相连接，J623 为 J538 提供发动机转速信号	
T10p/3 端子	T10p/3 与端子 15 供电继电器（俗称 ON 挡继电器）J329 相连接，J329 为 J538 提供点火开关打开（即 ON 状态）信号	
Tl0p/4、T10p/8 端子	Tl0p/4 与 T10p/8 去组合仪表，与组合仪表的控制单元 J285 相连接，为 J285 提供燃油量信号	
T10p/5、T10p/6 端子	T10p/5 与 T10p/6 与接地线相连接	
T10p/7 端子	T10p/7 与车载电网控制单元 J519 相连接，J519 为 J538 提供左前车门开启信号	

微组织 5：老师检查纠错，学生改正错误。微评价：☆☆☆☆☆

5. 请根据燃油泵控制单元引脚端子检测结果分析推断其故障原因，并将推断过程用铅笔整理到下面思维导图中，见图 3-3-2。

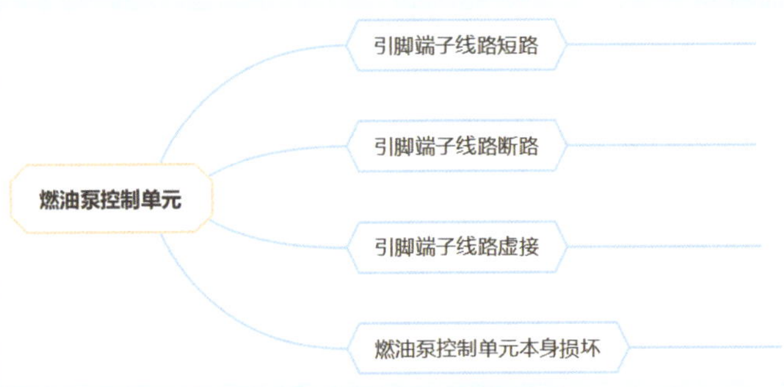

图 3-3-2　故障分析思维导图

微组织 6：老师检查纠错，学生改正错误。微评价：☆☆☆☆☆

6. 请再次确定故障点，将具体故障内容整理好，及时排除故障，整理好排故步骤，完成下面思维导图，见图 3-3-3。

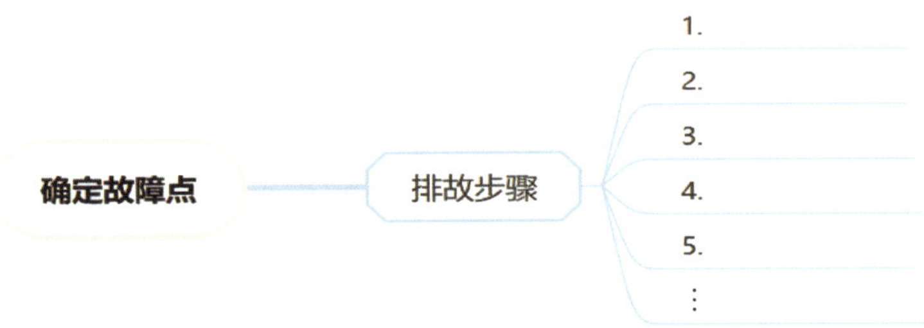

图 3-3-3　故障排除思维导图

微组织 7：老师检查纠错，学生改正错误。微评价：☆☆☆☆☆

步骤三　试车，交付车辆

7. 对车主的迈腾 1.8T 车辆进行着车试车，检验车辆起动是否恢复正常？

微组织 8：老师检查纠错，学生改正错误。微评价：☆☆☆☆☆

8. 请尝试利用鱼骨图总结燃油泵控制系统故障检修流程，见图 3-3-4。

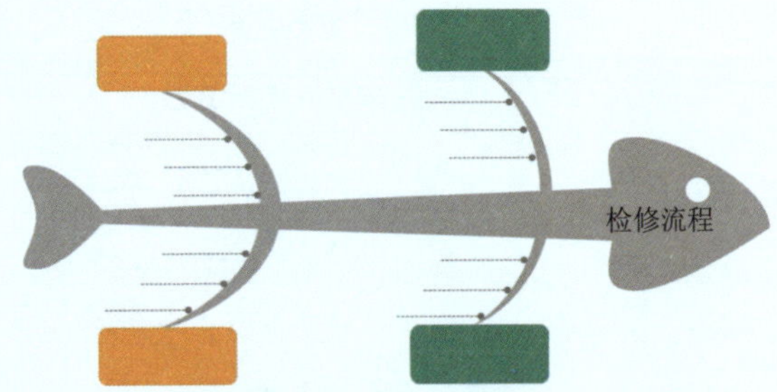

图 3-3-4　燃油泵控制系统故障检修流程图

微组织 9：老师检查纠错，学生改正错误。微评价：☆☆☆☆☆

任务四　检修点火系统失效

步骤一　作业准备

请认真列出作业准备项目和内容，对照表 3-4-1 核准检查项目内容。若已准备，请在方框里画上“√”；若有遗漏，请补充后画上“√”。

表 3-4-1　检修点火系统失效作业准备情况检查表

项目	内容
作业场地	配有尾气抽排系统和消防设施的汽车维修作业场地□
设备设施	大众迈腾 1.8T 汽车□　举升工位□　汽车维修三件套□　垃圾桶□　集油车□
工量辅具	常用工具□　数字万用表□　火花塞专用套筒□　故障诊断仪□　208 接线盒□ 尾气分析仪□
耗材	线束□　干净抹布□　火花塞□　独立点火线圈□

微组织 1：老师检查纠错，学生改正错误。微评价：☆☆☆☆☆

步骤二　检修点火系统失效

1. 请观察老师铺设汽车维修三件套示范动作，并模仿重复操作，结合老师讲解、查阅教材，使用故障诊断仪读取故障码，并将故障码认真记录在表 3-4-2 中。

表 3-4-2　故障码列表

步骤	故障内容
1	
2	
3	
4	

微组织 2：老师检查纠错，学生改正错误。微评价：☆☆☆☆☆

2. 请观察老师铺设汽车维修三件套示范动作，并模仿重复操作，并准备尾气分析仪，结合老师讲解检测分析汽车尾气，见表 3-4-3。

表 3-4-3　检测分析汽车尾气

步骤	汽车尾气检测流程
1	
2	
3	
4	
5	

微组织 3：老师检查纠错，学生改正错误。微评价：☆☆☆☆☆

3. 请观察老师铺设汽车维修三件套示范动作，并模仿重复操作，结合老师讲解、查阅教材，使用故障诊断仪读取发动机燃油压力，并将读取到的数值认真记录在表 3-4-4 中。

表 3-4-4 燃油压力值表

读燃油压力	压力值
1	
2	

微组织 4：老师检查纠错，学生改正错误。微评价：☆☆☆☆☆

4. 观察老师讲解示波器示范操作，启动发动机时运用示波器读取喷油器喷油波形，检验波形是否正常，将波形绘制到下面方框内。

微组织 5：老师检查纠错，学生改正错误。微评价：☆☆☆☆☆

5. 请查找汽车维修电路图，并将发动机点火系统电路图绘制到下面方框内。

微组织 6：老师检查纠错，学生改正错误。微评价：☆☆☆☆☆

6. 请结合教材，使用万用表完成对点火系统控制线路进行检测，并将检测结果记录到表 3-4-5 中。

表 3-4-5　点火系统控制线路检测表

检测部位	检测结果
点火控制模块搭铁端	
点火线圈搭铁端	
点火线圈一次绕组工作电压	
ECU 输出给点火控制器控制各缸点火线圈一次绕组电路通断的控制信号	
点火控制系统线路熔丝 SB10	

微组织 7：老师检查纠错，学生改正错误。微评价：☆☆☆☆☆

7. 请再次确定故障点，将具体故障内容整理好，及时排除故障，整理好排故步骤，完成下面思维导图，见图 3-4-1。

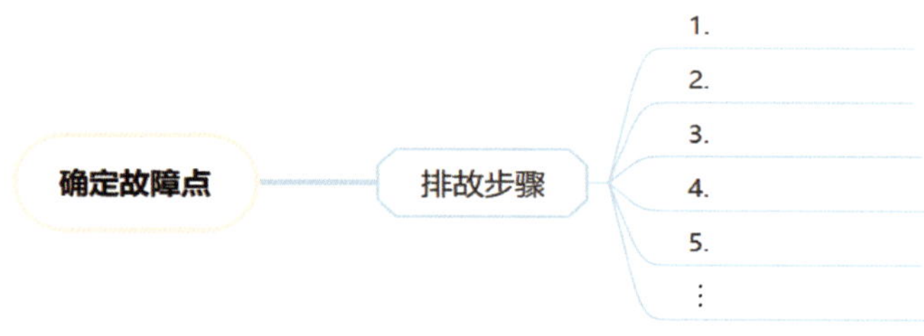

图 3-4-1　故障排除思维导图

微组织 8：老师检查纠错，学生改正错误。微评价：☆☆☆☆☆

步骤三　试车，交付车辆

8. 对车主的迈腾 1.8T 车辆进行着车试车，检验车辆起动是否恢复正常？

微组织 9：老师检查纠错，学生改正错误。微评价：☆☆☆☆☆

9. 请尝试利用鱼骨图总结点火系统失效故障检修流程，见图 3-4-2。

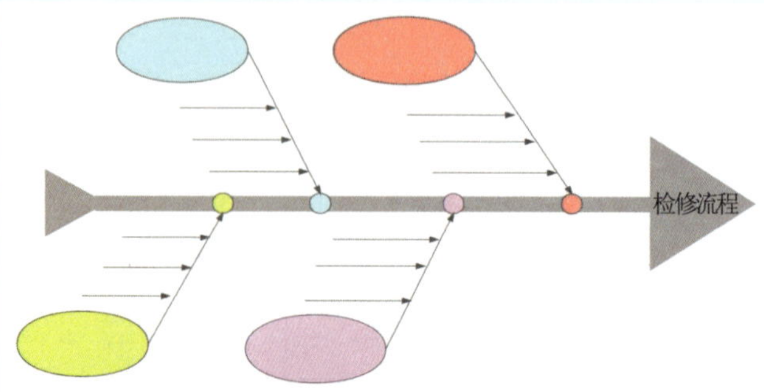

图 3-4-2　点火系统失效故障检修流程图

微组织 10：老师检查纠错，学生改正错误。微评价：☆☆☆☆☆

任务五　检修凸轮轴位置传感器

步骤一　作业准备

请认真列出作业准备项目和内容，对照表 3-5-1 核准检查项目内容。若已准备，请在方框里画上“√”；若有遗漏，请补充后画上“√”。

表 3-5-1　检修凸轮轴位置传感器作业准备情况检查表

项目	内容
作业场地	配有尾气抽排系统和消防设施的汽车维修作业场地□
设备设施	大众迈腾 1.8T 汽车□　举升工位□　汽车维修三件套□　垃圾桶□　集油车□
工量辅具	常用工具□　数字万用表□　数字示波器□　故障诊断仪□　208 接线盒□
耗材	线束□　干净抹布□　凸轮轴位置传感器□

微组织 1：老师检查纠错，学生改正错误。微评价：☆☆☆☆☆

步骤二　检修凸轮轴位置传感器

1. 请观察老师铺设汽车维修三件套示范动作，并模仿重复操作，结合老师讲解、查阅教材，使用故障诊断仪读取故障码，并将故障码认真记录在表 3-5-2 中。

表 3-5-2　故障码列表

步骤	故障内容
1	
2	
3	

微组织 2：老师检查纠错，学生改正错误。微评价：☆☆☆☆☆

2. 请尝试在实车上查找凸轮轴位置传感器具体位置，并对其线束、插接器进行常规外观检查，将检验结果填写在下面思维导图中，见图 3-5-1。

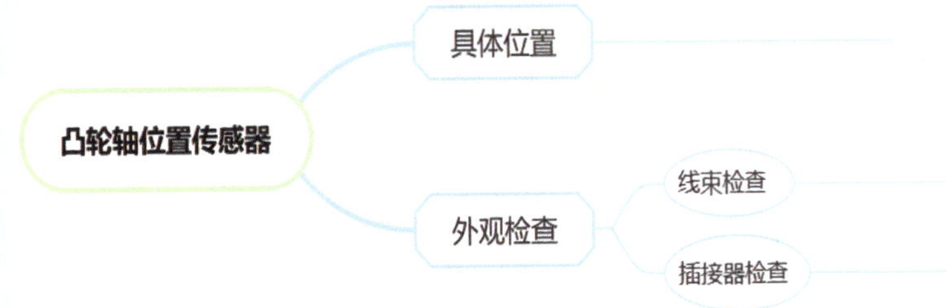

图 3-5-1　凸轮轴位置传感器外观检查

微组织 3：老师检查纠错，学生改正错误。微评价：☆☆☆☆☆

3. 请查找汽车维修电路图，并将凸轮轴位置传感器电路图绘制到下面方框内。

微组织 4：老师检查纠错，学生改正错误。微评价：☆☆☆☆☆

4. 请结合电路图，使用万用表和探针完成对凸轮轴位置传感器引脚端子检测，并整理端子检测结果将其记录到表 3-5-3 中。

表 3-5-3　凸轮轴位置传感器端子检测表

引脚端子	引脚含义	检测结果
1 号端子	供电电压	
2 号端子	信号线	
3 号端子	搭铁	

微组织 5：老师检查纠错，学生改正错误。微评价：☆☆☆☆☆

5. 请根据凸轮轴位置传感器引脚端子检测结果分析推断其故障原因，并将推断过程用铅笔整理到下面思维导图中，见图 3-5-2。

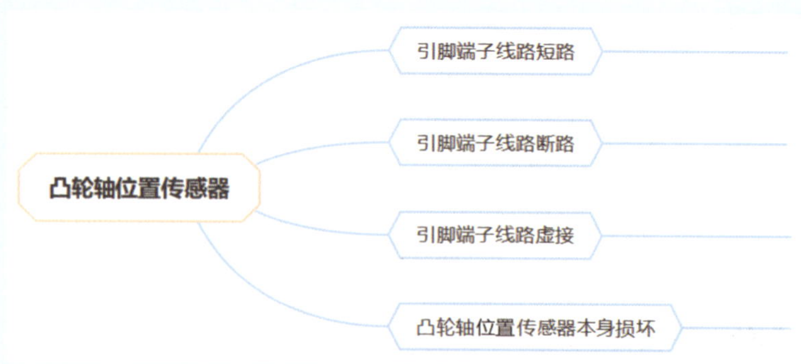

图 3-5-2　故障分析思维导图

微组织 6：老师检查纠错，学生改正错误。微评价：☆☆☆☆☆

6. 请再次确定故障点，将具体故障内容整理好，及时排除故障，整理好排故步骤，完成下面思维导图，见图 3-5-3。

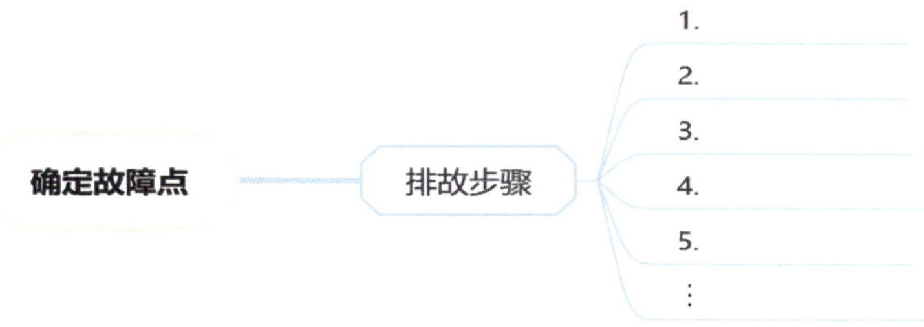

图 3-5-3　故障排除思维导图

微组织 7：老师检查纠错，学生改正错误。微评价：☆☆☆☆☆

步骤三　试车，交付车辆

7. 对车主的迈腾 1.8T 车辆进行着车试车，检验车辆起动是否恢复正常？

微组织 8：老师检查纠错，学生改正错误。微评价：☆☆☆☆☆

8. 观察老师讲解示波器示范操作，运用示波器重新读取凸轮轴位置传感器怠速工作信号波形，检验波形是否正常，将正确波形绘制到下面方框内。

微组织 9：老师检查纠错，学生改正错误。微评价：☆☆☆☆☆

9. 请尝试利用鱼骨图总结凸轮轴位置传感器故障检修流程，见图 3-5-4。

图 3-5-4　凸轮轴位置传感器故障检修流程图

微组织 10：老师检查纠错，学生改正错误。微评价：☆☆☆☆☆

练习

1. 判断题

（1）发动机单缸缺火一定会导致发动机怠速不稳。（　　）

（2）发动机废气再循环系统故障，可能会导致发动机怠速不稳。（　　）

（3）蓄电池电量不足导致起动机运转无力。（　　）

（4）发动机起动系统故障一定是因为起动机损坏。（　　）

（5）防盗系统出现故障可能与防盗单元有关。（　　）

（6）火花塞故障，不会影响点火系统的工作。（　　）

（7）喷油器堵塞、喷油器线路故障、喷油器损坏，导致喷油量过小或不能喷油。（　　）

2. 选择题

（1）下列（　　）是引起油路系统故障的原因。

A. 喷油器故障　　B. 油泵故障

C. 油路油压过低　　D. 油路油压过高

（2）油泵工作不良或损坏、油泵线路故障，导致（　　）。

A. 油路油压低或无油压　　B. 燃油压力过高

C. 水温传感器故障　　D. 爆震传感器损坏

（3）引起发动机怠速不稳的原因有（　　）

A. 点火系和燃油系工作不良　　B. 进排气系统异常

C. 机械系统损坏　　D. 发动机辅助控制系统工作不良

（4）油泵进油滤网堵塞、油泵工作不良、油泵线路接触不良、汽油滤清器堵塞，导致（　　）。

A. 油路油压过高　　B. 油路油压过低

C. 爆震传感器损坏　　D. 油路无油压

（5）常见的燃油压力故障原因有（　　）。

A. 燃油滤清器堵塞　　B. 燃油泵滤网堵塞

C. 燃油压力调节器故障　　D. 燃油泵工作不良

案例

案例一：汽车做完保养后，车主驾驶车辆时发现汽车漏汽油。

某4S店一名实习维修工，在对车辆进行维护保养时发现该车已经行驶3万km还没有更换燃油滤清器，于是跟车主沟通后将车辆的燃油滤清器进行了更换，但是该实习维修工安装燃油滤清器的过程中由于不够细心，在对接口处进行油管连接时没有做到紧固牢靠，卡扣没有卡到位，更换完毕后又没对车辆燃油滤清器进行密封性检查就将车辆交付给车主。车主在开车回家途中发现车辆有很大的汽油味，于是将车辆停靠在路边，下车一看发现车辆燃油滤清器附近有汽油喷射，于是车主立刻将车辆熄火，等待救援。

汽车燃油供给系统是给发动机提供可靠燃油供给的，如果燃油供给系统密封性不严，会导致燃油压力不足，导致发动机动力不足甚至无法起动，尤其是燃油滤清器接口处，如果密封不严，会导致汽油泄漏，引发火灾爆炸，十分危险。

因此，维修技术人员在对燃油滤清器进行拆装更换时，一定要认真细致负责，在燃油滤清器接口处进行紧固时确保密封性良好。

案例二：车辆更换喷油器后，出现漏油现象。

某汽车修理厂学徒工小张已经跟师傅学修车半年了，这天店里来了一位捷达车主，要求清洗喷油嘴。可是师傅没有在店里，出去救援事故车了。但是车主很着急，于是学徒工小张就硬着头皮接下这个单子。学徒工小张边回想师傅平时的教导，边尝试着独立拆卸捷达车的喷油嘴，经过半个多小时，小张终于把喷油器清洗更换完毕，就在要试车时，师傅急匆匆地救援回来了。小张赶忙上去跟师傅汇报情况，并和师傅一起试车。当师傅把车辆着火后，发现发动机油轨处有汽油漏出，立即叫小张把车辆熄火。师傅把小张叫到身边仔细询问，小张是如何更换喷油器的。就在交谈时，师傅锐利的眼睛发现工位上有一个新的喷油器O型密封圈没安装。于是让小张回想到底是哪个缸的喷油器没有更换新的O型密封圈。小张这时才恍然大悟，自己在对最后一个缸更换喷油器时接了一个电话，回过头再安装时就忘记换了。师傅批评小张干活不认真，并叮嘱他下次一定要注意。师傅找到故障原因，于是很顺利地把问题解决。车辆再次着车试车，喷油器不再漏油了。

上述可知，维修人员在对喷油器进行拆装时，一定要更换O型密封圈，否则会导致喷油器漏油，发动机怠速不稳，无法起动等故障现象。

案例三：车辆更换燃油泵后，导致车辆无法起动。

某汽车修理厂学徒工小王今天跟师傅一起对车主张先生的爱车进行了燃油泵的更换作业。小王在师傅的指导下小心翼翼地将旧的燃油泵拆卸完毕，然后取来一个新的燃油泵准备安装。就在这时，师傅接了一个车辆救援电话。小王此时有点不知所措，就问师傅："新的燃油泵如何安装呀"。师傅跟小王匆忙地交代一下，就是按照刚才拆卸的方法反序安装操作就可以了。于是小王边回想刚刚拆卸燃油泵的顺序，边努力地安装新的燃油泵。经过10 min后，终于大功告成，新的燃油泵更换完毕了。小王高兴地去着车试车，但是车辆就是打不着火，出现起动困难现象。小王急得像热锅上的蚂蚁，不知道如何是好，于是赶忙向师傅请教到底怎么回事？师傅回到车上，对小王刚才独立操作的工作内容进行检查，发现小王把燃油泵的进油管和回油管接反了。

发动机燃油泵油管安装时，分为进油管和回油管，如果安装反了，会导致发动机燃油泵无法正常提供燃油供给，导致发动机无法起动。所以，维修人员今后在安装燃油泵时一定要注意进、回油管的安装，千万别安装反了，导致发动机起动困难。

案例四：车辆更换独立点火线圈后，出现车辆抖动现象。

某汽车修理厂一学徒工小张，在对一辆大众高尔夫车做保养时，对该车进行独立点火线圈更换。小张对车辆四个独立点火线圈更换完毕后着车试车，发现车辆起动后出现怠速抖动现象。小张见此状很是着急，一时不知所措。于是小张赶忙把师傅叫过来帮忙分析原因，师傅到车上看了看小张更换的点火线圈，又按了按每个点火线圈的插接器，发现第二缸的点火线圈的插接器没有插牢。于是将第二缸点火线圈的插接器用力插牢后，再次着车试车，故障排除。

上述可知，维修人员在对点火线圈进行检查或者更换时，一定要保证将点火线圈的插接器插接牢靠，否则会导致工作不良，出现缺缸抖动现象。

案例五：车辆更换火花塞后，导致发动机运转出现“噗噗”声。

某 4S 店一名实习维修工小刘，在对客户车辆进行火花塞更换后，着车试车时，发现车辆发动机怠速运转时出现“噗噗”声。于是小刘叫来师傅帮忙分析故障原因。师傅听完小刘的描述后，亲自又着车试车观察了一下故障现象，发动机确实出现“噗噗”声的漏气声。师傅对徒弟小刘说：“你应该是在安装火花塞时没有按照标准力矩拧紧火花塞，现在你马上把更换的火花塞按照力矩拧紧，再试试。”小刘按照师傅的吩咐，重新将火花塞按照标准力矩拧紧后，故障排除。

维修人员在更换火花塞时，一定要按照标准力矩拧紧。如果拧不紧，会出现气缸“噗噗”漏气，如果拧得太紧，会导致火花塞断裂，损坏火花塞。所以，维修人员在进行火花塞更换作业时一定要按照标准流程操作。

项目四　检修汽车发动机异响故障

项目任务单

项目描述	完成对大众迈腾 1.8T 汽车发动机异响进行故障诊断与维修作业
项目要求	符合大众迈腾 1.8T 汽车发动机技术要求和标准，正确使用专用工量具、专用检测仪器，完成汽车发动机异响故障检修作业。 （1）检修活塞敲缸异响； （2）检修曲轴轴承异响； （3）检修气门异响； （4）检修正时链条异响
学习目标	（1）准确描述汽车发动机活塞连杆组、曲轴飞轮组故障诊断方法； （2）准确描述汽车发动机气门组、气门传动组故障诊断方法； （3）规范地对活塞敲缸异响故障进行检修； （4）规范地对曲轴轴承异响故障进行检修； （5）规范地对气门异响故障进行检修； （6）规范地对正时链条异响故障进行检修； （7）养成安全、环保、“5S”作业的好习惯； （8）养成精进务实的职业态度
项目载体	大众迈腾 1.8T 发动机如下图
计划学时	24~30 学时

工作页	上课地点		学生姓名		完成 / 未完成
	任课教师		上课时间		优 / 良 / 中 / 及格

项目导入

现有一车主驾驶大众迈腾 1.8T 汽车，该车已经行驶 22 万 km，最近车主发现自己爱车在怠速时，发动机有“哒哒哒”连续不断的清脆金属敲击声。同时，发动机转速突然变化时，发动机有低沉连续“铛铛”的金属敲击声，严重时发动机出现振动。而且，该车行驶提速过程中发动机存在“哗啦哗啦”的异响。这天车主送爱人上班，途中车辆的发动机又出现了异响，车主的爱人觉得丈夫这样开车太危险，于是要求平时大大咧咧的丈夫一会送完自己上班后必须去 4S 店找专业维修人员好好检查修理一下，排除安全隐患。

想一想

请同学们尝试着说出导致汽车发动机异响故障的原因都有哪些？并将自己的总结分析用铅笔记录到下面圆圈图中。

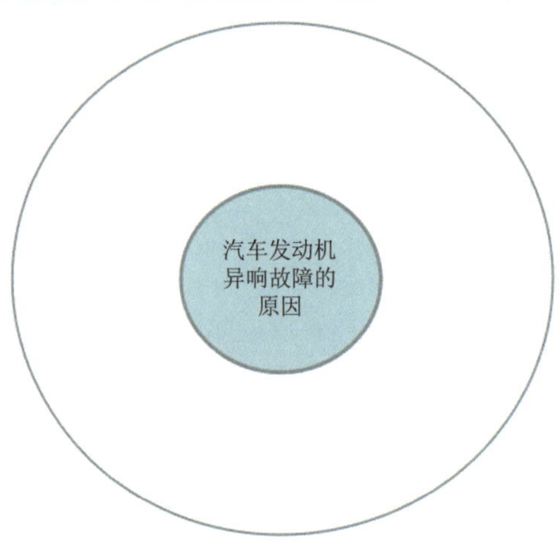

汽车发动机异响故障原因分析图

安全教育与防护要求

请大声说出检修发动机异响故障安全与防护要求，做好防护准备，同时进行自检和互检。若已完成，请在方框内用铅笔打“√”。

□ 工作服穿戴“四紧”，穿工鞋，戴工帽；

□ 不佩戴手表等金属首饰；

□ 严禁摆弄与本次任务无关的设备和工具；

□ 遵守场地安全规定，注意用电安全；

□ 严禁嬉戏打闹。

微组织 1：老师检查纠错，学生改正错误。微评价：☆☆☆☆☆

项目实施

任务一　检修活塞敲缸异响

步骤一　作业准备

请认真列出作业准备项目和内容，对照表 4-1-1 核准检查项目内容。若已准备，请在方框里画上“√”；若有遗漏，请补充后画上“√”。

表 4-1-1　检修活塞敲缸异响作业准备情况检查表

项目	内容
作业场地	配有尾气抽排系统和消防设施的汽车维修作业场地□
设备设施	大众迈腾 1.8T 汽车□　举升工位□　汽车维修三件套□　发动机吊装工具□　垃圾桶□
工量辅具	常用工具□　外径千分尺□　量缸表□　游标卡尺□　塞尺□　活塞环压缩器□
耗材	机油□　干净抹布□　冷却液□　大修维修包□　活塞连杆组□

微组织 1：老师检查纠错，学生改正错误。微评价：☆☆☆☆☆

步骤二　检修发动机活塞敲缸异响

1. 请观察老师铺设汽车维修三件套示范动作，并模仿重复操作，结合老师讲解、查阅教材，着车确认发动机活塞敲缸异响故障，并将验证流程认真记录在表 4-1-2 中。

表 4-1-2　验证发动机活塞敲缸异响故障列表

步骤	验证故障流程
1	
2	
3	
4	

微组织 2：老师检查纠错，学生改正错误。微评价：☆☆☆☆☆

2. 请准备发动机吊装工具，结合老师讲解、查阅教材和观看相关视频，按照正确工艺流程分组完成汽车发动机吊装，具体吊装步骤，见表 4-1-3。

表 4-1-3　汽车发动机吊装步骤

步骤	吊装发动机步骤	工量辅具
1		
2		
3		

续表

步骤	吊装发动机步骤	工量辅具
4		
5		
6		
⋮		

微组织 3：老师检查纠错，学生改正错误。微评价：☆☆☆☆☆

3. 请准备常用工具和专用工具，结合老师讲解、查阅教材和观看相关视频，对发动机进行拆解，拆卸活塞连杆组，具体拆卸步骤见表 4-1-4。

表 4-1-4 拆卸发动机活塞连杆组步骤

步骤	拆卸发动机活塞连杆组步骤	工量辅具
1		
2		
3		
4		
5		
⋮		

微组织 4：老师检查纠错，学生改正错误。微评价：☆☆☆☆☆

4. 请准备游标卡尺、外径千分尺、量缸表等专用检测仪器，结合老师讲解、查阅教材和观看相关视频，检测气缸直径，具体检测内容见表 4-1-5。

表 4-1-5 检测气缸直径

检测内容	检测数值		工量辅具
气缸上截面横纵垂直方向			
气缸中截面横纵垂直方向			
气缸下截面横纵垂直方向			
计算圆度			
计算圆柱度			

微组织 5：老师检查纠错，学生改正错误。微评价：☆☆☆☆☆

5. 请将计算气缸的圆度和圆柱度与维修手册中的圆度、圆柱度的标准值对比，分析判断气缸是否失圆磨损，表 4-1-6。

表 4-1-6　分析判断气缸是否失圆磨损

内容	计算值	标准值	分析判断
圆度			
圆柱度			

微组织 6：老师检查纠错，学生改正错误。微评价：☆☆☆☆☆

6. 请选用外径千分尺（75~100 mm），结合老师讲解、查阅教材和观看相关视频，检测活塞裙部直径，具体检测内容见表 4-1-7。

表 4-1-7　检测活塞裙部直径

内容	测量值	标准值	磨损极限	分析判断
活塞裙部直径				

微组织 7：老师检查纠错，学生改正错误。微评价：☆☆☆☆☆

7. 请根据气缸直径与活塞裙部直径的测量值，检测气缸直径与活塞之间的间隙，并与维修手册中的标准数值对比，进一步确定故障点，将具体故障内容整理好，及时排除故障，整理好排故步骤，完成下面思维导图，见图 4-1-1。

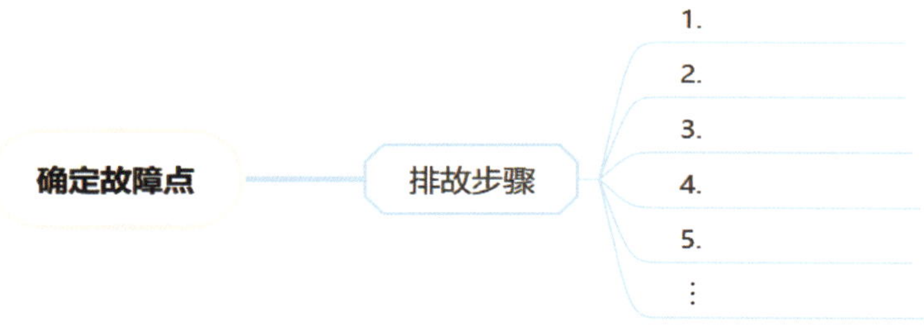

图 4-1-1　故障排除思维导图

微组织 8：老师检查纠错，学生改正错误。微评价：☆☆☆☆☆

步骤三　试车，交付车辆

8. 对车主的迈腾 1.8T 车辆进行着车试车，检验车辆发动机异响是否会消失？

微组织 9：老师检查纠错，学生改正错误。微评价：☆☆☆☆☆

9. 请尝试利用鱼骨图总结活塞敲缸异响故障检修流程，见图 4-1-2。

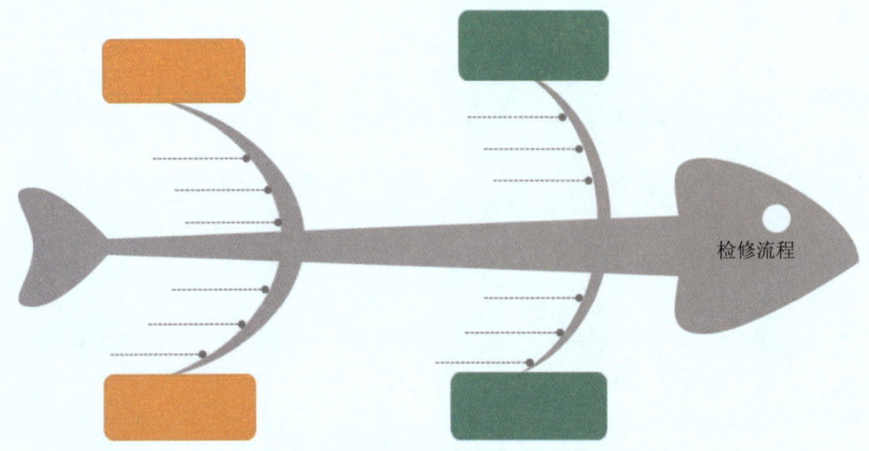

图 4-1-2　活塞敲缸异响故障检修流程图

微组织 10：老师检查纠错，学生改正错误。微评价：☆☆☆☆☆

任务二　检修曲轴轴承异响

步骤一　作业准备

请认真列出作业准备项目和内容，对照表 4-2-1 核准检查项目内容。若已准备，请在方框里画上“√”；若有遗漏，请补充后画上“√”。

表 4-2-1　检修曲轴轴承异响作业准备情况检查表

项目	内容
作业场地	配有尾气抽排系统和消防设施的汽车维修作业场地□
设备设施	大众迈腾 1.8T 汽车□　举升工位□　汽车维修三件套□　发动机吊装工具□ 垃圾桶□
工量辅具	常用工具□　外径千分尺□　百分表□　游标卡尺□　塞尺□　活塞环压缩器□　扭力扳手□
耗材	机油□　干净抹布□　塑料间隙规□　大修维修包□　曲轴飞轮组零部件□

微组织 1：老师检查纠错，学生改正错误。微评价：☆☆☆☆☆

步骤二　检修曲轴轴承异响

1. 请观察老师铺设汽车维修三件套示范动作，并模仿重复操作，结合老师讲解、查阅教材，着车确认发动机曲轴轴承异响故障，并将验证流程认真记录在表 4-2-2 中。

表 4-2-2　验证发动机曲轴轴承异响故障列表

步骤	验证故障流程
1	
2	
3	
4	

微组织 2：老师检查纠错，学生改正错误。微评价：☆☆☆☆☆

2. 请准备发动机吊装工具，结合老师讲解、查阅教材和观看相关视频，按照正确工艺流程分组完成汽车发动机吊装，具体吊装步骤，见表 4-2-3。

表 4-2-3　汽车发动机吊装步骤

步骤	吊装发动机步骤	工量辅具
1		
2		
3		
4		
5		

微组织 3：老师检查纠错，学生改正错误。微评价：☆☆☆☆☆

3. 请准备常用工具和专用工具，结合老师讲解、查阅教材和观看相关视频，对发动机进行拆卸，拆卸曲轴飞轮组，具体拆卸步骤见表 4-2-4。

表 4-2-4　拆卸发动机曲轴飞轮组步骤

步骤	拆卸发动机曲轴飞轮组步骤	工量辅具
1		
2		
3		
4		
5		
⋮		

微组织 4：老师检查纠错，学生改正错误。微评价：☆☆☆☆☆

4. 请准备扭力扳手等工量辅具，结合老师讲解、查阅教材和观看相关视频，检测曲轴径向间隙和曲轴轴向间隙，具体检测内容见表 4-2-5。

表 4-2-5　检测曲轴径向间隙和轴向间隙

检测内容	检测值	标准值	分析判断
曲轴径向间隙			
曲轴轴向间隙			

微组织 5：老师检查纠错，学生改正错误。微评价：☆☆☆☆☆

5. 请根据上述检测结果确定故障点，将具体故障内容整理好，及时排除故障，整理好排故步骤，完成下面思维导图，见图 4-2-1。

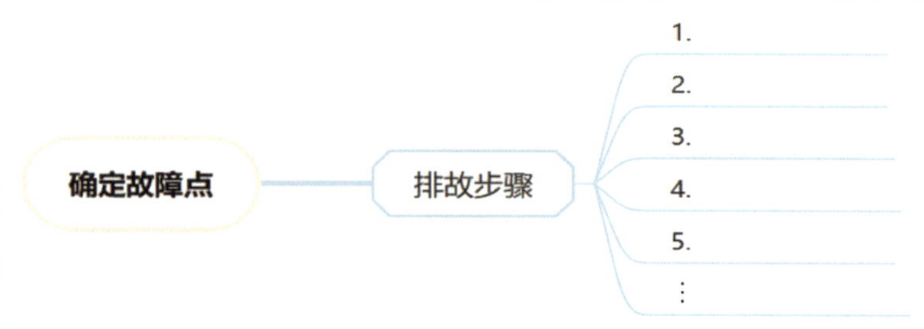

图 4-2-1　故障排除思维导图

微组织 6：老师检查纠错，学生改正错误。微评价：☆☆☆☆☆

步骤三　试车，交付车辆

6. 对车主的迈腾 1.8T 车辆进行着车试车，检验车辆发动机异响是否会消失？

微组织 7：老师检查纠错，学生改正错误。微评价：☆☆☆☆☆

7. 请尝试利用鱼骨图总结曲轴轴承异响故障检修流程，见图 4-2-2。

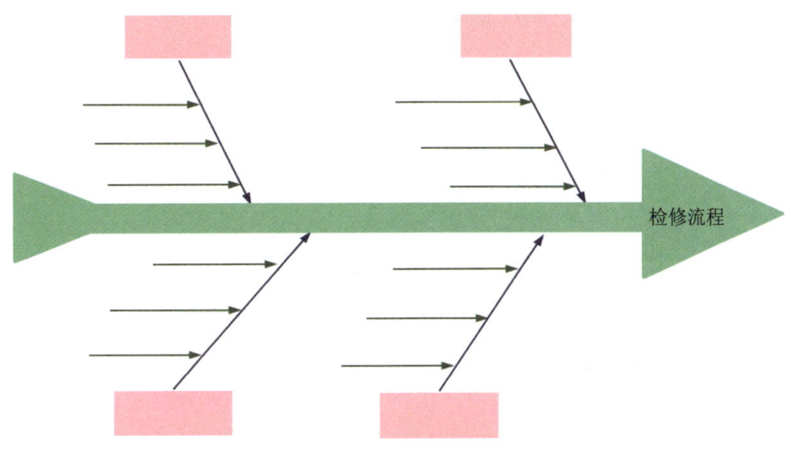

图 4-2-2　曲轴轴承异响故障检修流程图

微组织 8：老师检查纠错，学生改正错误。微评价：☆☆☆☆☆

任务三　检修气门异响

步骤一　作业准备

请认真列出作业准备项目和内容，对照表 4-3-1 核准检查项目内容。若已准备，请在方框里画上“√”；若有遗漏，请补充后画上“√”。

表 4-3-1　检修气门异响作业准备情况检查表

项目	内容
作业场地	配有尾气抽排系统和消防设施的汽车维修作业场地□
设备设施	大众迈腾 1.8T 汽车□　举升工位□　汽车维修三件套□　发动机吊装工具□ 垃圾桶□
工量辅具	常用工具□　外径千分尺□　量缸表□　游标卡尺□　塞尺□　气门弹簧压缩器□
耗材	机油□　干净抹布□　塑料间隙规□　气门组配件□

微组织 1：老师检查纠错，学生改正错误。微评价：☆☆☆☆☆

步骤二　检修气门异响

1. 请观察老师铺设汽车维修三件套示范动作，并模仿重复操作，结合老师讲解、查阅教材，着车确认发动机配气机构气门异响故障，并将验证流程认真记录在表 4-3-2 中。

表 4-3-2　验证发动机气门异响故障列表

步骤	验证故障流程
1	
2	
3	
4	

微组织 2：老师检查纠错，学生改正错误。微评价：☆☆☆☆☆

2. 请结合老师讲解、查阅教材和观看相关视频，按照正确工艺流程分组完成汽车发动机气缸盖的拆卸，具体拆卸步骤，见表 4-3-3。

表 4-3-3　发动机气缸盖拆卸步骤

步骤	发动机气缸盖拆卸步骤	工量辅具
1		
2		
3		
4		
5		

微组织 3：老师检查纠错，学生改正错误。微评价：☆☆☆☆☆

3. 请结合老师讲解、查阅教材和观看相关视频，检测进、排气凸轮轴的径向间隙，具体检测内容见表 4-3-4。

表 4-3-4　检测进、排气凸轮轴的径向间隙

检测内容	检测值	标准值	分析判断
进气凸轮轴的径向间隙			
排气凸轮轴的径向间隙			

微组织 4：老师检查纠错，学生改正错误。微评价：☆☆☆☆☆

4. 请准备常用工具和专用工具，结合老师讲解、查阅教材和观看相关视频，对发动机气门组进行拆卸，具体拆卸步骤见表 4-3-5。

表 4-3-5　拆卸发动机气门组步骤

步骤	拆卸发动机气门组步骤	工量辅具
1		
2		
3		
4		
5		

微组织 5：老师检查纠错，学生改正错误。微评价：☆☆☆☆☆

5. 请结合老师讲解、查阅教材和观看相关视频，检测气门组各零部件，具体检测内容见表 4-3-6。

表 4-3-6　检测气门组各零部件

检测内容	检测值	标准值	分析判断
进气门弹簧			
排气门弹簧			
进气门			
排气门			
进气门长度			
排气门长度			
进气门杆部直径			
排气门杆部直径			

微组织 6：老师检查纠错，学生改正错误。微评价：☆☆☆☆☆

6. 请结合老师讲解、查阅教材和观看相关视频，检测气门和气门导管间隙，具体检测内容见表 4-3-7。

表 4-3-7　检测气门和气门导管间隙

检测内容	检测值	磨损极限值	分析判断
进气门和气门导管间隙			
排气门和气门导管间隙			

微组织 7：老师检查纠错，学生改正错误。微评价：☆☆☆☆☆

7. 请根据上述检测结果确定故障点，将具体故障内容整理好，及时排除故障，整理好排故步骤，完成下面思维导图，见图 4-3-1。

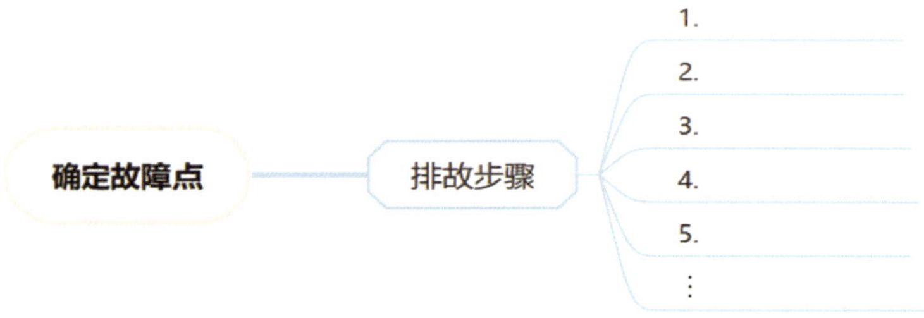

图 4-3-1　故障排除思维导图

微组织 8：老师检查纠错，学生改正错误。微评价：☆☆☆☆☆

步骤三　试车，交付车辆

8. 对车主的迈腾 1.8T 车辆进行着车试车，检验车辆发动机“哒哒”异响是否会消失？

微组织 9：老师检查纠错，学生改正错误。微评价：☆☆☆☆☆

9. 请尝试利用鱼骨图总结发动机气门异响故障检修流程，见图 4-3-2。

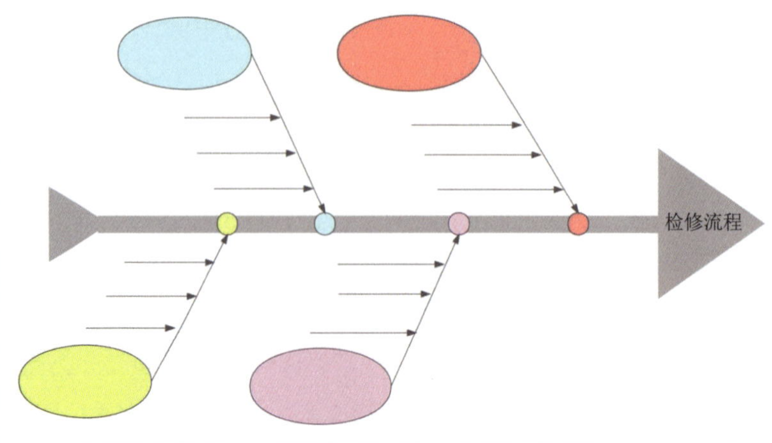

图 4-3-2　发动机气门异响故障检修流程图

微组织 10：老师检查纠错，学生改正错误。微评价：☆☆☆☆☆

任务四　检修正时链条异响

步骤一　作业准备

请认真列出作业准备项目和内容，对照表 4-4-1 核准检查项目内容。若已准备，请在方框里画上“√”；若有遗漏，请补充后画上“√”。

表 4-4-1　检修正时链条异响作业准备情况检查表

项目	内容
作业场地	配有尾气抽排系统和消防设施的汽车维修作业场地□
设备设施	大众迈腾 1.8T 汽车□　举升工位□　汽车维修三件套□　发动机吊装工具□　垃圾桶□
工量辅具	常用工具□　扭力扳手□　游标卡尺□　塞尺□　一字螺丝刀□
耗材	机油□　干净抹布□　密封胶□　正时机构零部件□

微组织 1：老师检查纠错，学生改正错误。微评价：☆☆☆☆☆

步骤二　检修正时链条异响

1. 请观察老师铺设汽车维修三件套示范动作，并模仿重复操作，结合老师讲解、查阅教材，着车确认正时链条异响导致发动机异响，并将验证流程认真记录在表 4-4-2 中。

表 4-4-2　验证发动机正时链条异响故障列表

步骤	验证故障流程
1	
2	
3	
4	

微组织 2：老师检查纠错，学生改正错误。微评价：☆☆☆☆☆

2. 请准备专用工具，结合老师讲解、查阅教材和观看相关视频，按照正确工艺流程拆卸发动机正时链条，具体拆卸步骤，见表 4-4-3。

表 4-4-3　拆卸发动机正时链条步骤

步骤	拆卸发动机正时链条步骤	工量辅具
1		
2		
3		
4		

续表

步骤	拆卸发动机正时链条步骤	工量辅具
5		
6		
⋮		

微组织 3：老师检查纠错，学生改正错误。微评价：☆☆☆☆☆

3. 请准备相关量具，结合老师讲解、查阅教材，检测正时链条的长度，具体检测内容见表 4-4-4。

表 4-4-4　检测正时链条的长度

检测内容	检测值	标准值	分析判断
正时链条的长度			

微组织 4：老师检查纠错，学生改正错误。微评价：☆☆☆☆☆

4. 请根据上述检测结果确定故障点，将具体故障内容整理好，及时排除故障，整理好排故步骤，完成下面思维导图，见图 4-4-1。

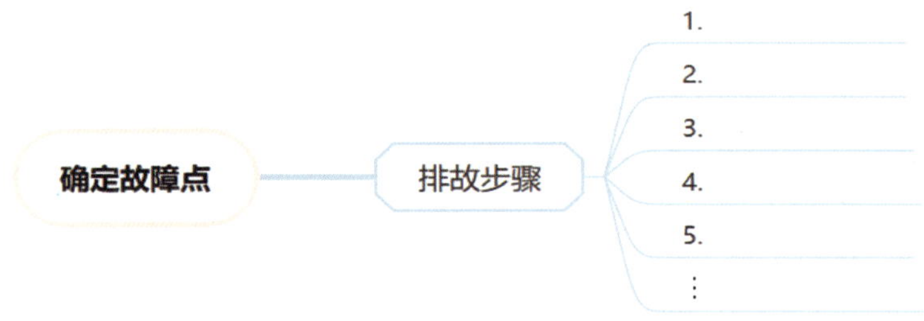

图 4-4-1　故障排除思维导图

微组织 5：老师检查纠错，学生改正错误。微评价：☆☆☆☆☆

步骤三　试车，交付车辆

5. 对车主的迈腾 1.8T 车辆进行着车试车，检验车辆发动机“哗啦”异响是否会消失？

微组织 6：老师检查纠错，学生改正错误。微评价：☆☆☆☆☆

6. 请尝试利用鱼骨图总结正时链条异响故障检修流程，见图 4-4-2。

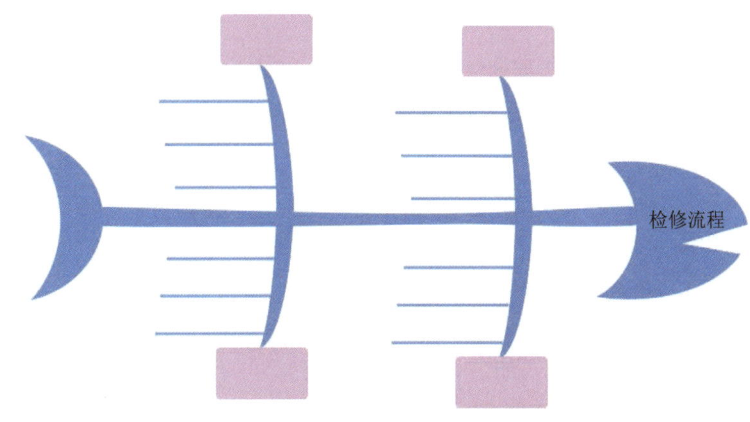

图 4-4-2　正时链条异响故障检修流程图

微组织 7：老师检查纠错，学生改正错误。微评价：☆☆☆☆☆

练习

1. 判断题

（1）发动机总成装配在普通车间或清洁场地进行，装配过程只要做到工件不落地，工量辅具不落地和油渍不落地，并保持工作台、工件盘和工量辅具的清洁即可。（　　）

（2）发动机装配过程中不得直接用手锤击打零件，必要时应垫上铜棒等。（　　）

（3）气缸盖拆卸时为防止变形，正确的顺序为“先边后中，由外向里”。（　　）

（4）安装曲轴止推片，在止推片表面涂抹润滑油，将止推片有油槽的一面贴向曲轴，平整的一面贴向缸体，安装止推片，转动曲轴使其安装到位。（　　）

（5）在气门杆端部涂抹适量的发动机油，将研磨好气门任意插入一个气门导管并推到底。（　　）

（6）测量活塞时，应从距下边缘约 10 mm 且与活塞销的轴线平行处用千分尺测量活塞裙外径。（　　）

（7）更换链条张紧器的橡胶金属密封件，在相应的位置略涂润滑油。（　　）

2. 选择题

（1）气缸盖螺栓的拧紧顺序是（　　）。

A. 由两边向中间顺序依次拧紧　　B. 由中间向两边顺序依次拧紧

C. 由两边向中间对角顺序拧紧　　D. 由中间向两边对角顺序拧紧

（2）安装活塞环时，其开口位置应（　　）。

A. 与活塞销中心线平行　　B. 避开活塞销中心线 90°

C. 与活塞销中心线垂直　　D. 避开活塞销中心线 30°

（3）安装机油泵、油底壳，油底壳密封胶必须为 2 ~ 3 mm，（　　）min 内安装油底壳，对角安装螺栓。

A.3　　B.10

C.5　　D.15

（4）下列（　　）属于发动机装配前检查的。

A. 检查缸体总成有无缺陷　　B. 缸盖平面度

C. 曲轴测量　　D. 组装活塞连杆组

（5）安装进、排气门组件注意事项为（　　）。

A. 橡胶锤轻轻敲击气门顶部　　B. 确认气门锁止可靠

C. 用气门弹簧压缩工具压缩气门弹簧　　D. 严禁气门调换位置

案例

案例一：车辆发动机大修完毕后，出现烧机油现象。

某 4S 店一名实习维修工小张这两天和师傅一起维修一辆二手车，需要对发动机进行大修。实习维修工小王与师傅整整修了两天才将车辆维修完毕交付给车主刘先生。刘先生取完自己的爱车就上班去了，到了单位，刘先生准备到行李舱取公文包，意外发现自己的车排气管有蓝烟冒出。刘先生一脸迷茫，这车刚刚维修好，怎么可能会出现这种问题。于是刘先生将车开回到 4S 店咨询产生问题的原因。

到了 4S 店，刘先生向实习维修工小张描述了自己爱车的情况，小张的师傅也在一旁听了事情的经过。小张的师傅将小张叫到一旁低声问道："小张，安装发动机时，我让你安装活塞环，你是怎么安装的。"小张拿着刚刚拆卸下来的旧活塞环忐忑地跟师傅演示自己当时是如何安装的。师傅看完后，无奈地说："小张，活塞环上下安装反了，问题就出现在这里，导致发动机烧机油了。咱们还得给刘先生返工呀。"

发动机活塞环在组装时，应按指定气缸孔及活塞的环槽进行个别选配，不可安装错了；活塞环容易折断，因此不可将开口张开过大，应用专用装卸钳来安装；安装活塞环时应由下而上安装，顺序是油环、三道二道气环、一道气环；各环应注意安装方向，第一道气环大多是镀铬的平环或桶形环，均没有方向性要求，但也有的是锥面环，其环面上有记号或文字，应将记号或文字向上安装；在安装组合式油环时应注意钢片组合油环的两钢片开口应错开 180°；螺旋弹簧胀圈式油环，其弹簧胀圈接头与油环开口要错开 180°；活塞环安装后，用手转动活塞环应灵活。

上述可知，维修技术人员在对车辆发动机大修进行活塞环更换时，一定要认真按照工艺要求操作，确保发动机活塞环安装正确。否则会造成发动机烧机油，影响发动机的动力。

案例二：发动机气门组拆装时，气门弹簧弹出伤人。

某汽车维修厂一名实习维修工小刘在与师傅一起对客户汽车的发动机进行大修时，发生了小意外，实习维修工小刘受伤了。小刘在对发动机的气门组进行拆装时，虽然使用了气门弹簧压缩器专用工具进行拆装，但是具体操作流程出现了问题，导致自己被气门弹簧弹伤手背。

发动机气门组在组装完毕后，弹簧处于预紧状态，如拆卸不当，弹簧弹出会击伤人体，因此，在拆卸气门组时必须使用专门的气门弹簧拆卸器进行规范操作，方能保证安全拆卸气门组。拆卸时使用弹簧拆卸器将弹簧座连同已被预紧的气门弹簧一起压下，使气门锁片处于自由状态可方便取下。然后再将弹簧座连同气门弹簧一起慢慢放松，直至弹簧处于完全放松的自由状态，即可轻松取出弹簧座、气门弹簧和气门。

上述可知，维修技术人员在对车辆发动机大修进行气门组拆装时，一定要认真按照正确工艺要求操作，确保维修人员的安全。

案例三：汽车维修技师更换发动机正时链条，导致发动机无法起动。

一辆行驶里程约 11.2 万 km，配置 2.0T 发动机的路虎神行者 2。该车开进维修厂时客户反映该车已经行驶 11 万公里了，现在发现故障灯点亮，而且发动机有异常响声。

维修厂维修技师张师傅根据发动机故障码，听诊异响部位，确认异响源是发动机气门室盖右侧（正时调节链轮处）。客户故障描述属实，初步判断凸轮轴正时链轮有问题。张师傅征得客户同意进行拆检，在拆装气门室盖时发现凸轮轴进气侧配气调整链轮锁销已经断裂。于是张师傅准备对车辆正时链条、进气侧凸轮轴配气调节链轮进行更换。张师傅根据自己的维修经验将车辆维修完毕后，着车试车，发现发动机无法起动。这时张师傅有点不知所措，急得满头大汗，这时维修车间技术总监王师傅走过来询问原因。王师傅听完张师傅的叙述后，怀疑还是没有对好正时链条造成的车辆无法起动。于是王师傅拿出路虎神行者 2 的维修手册仔细查询正时链条维修章节，又重新按照维修手册对了一次正时链条，发现在曲轴正时点位置时，位于 1 缸曲柄上有两个凹槽标记并未对准。问题找到后，重新对好正时链条，车辆正常起动。

这是一起在维修中经常会发生的典型案例，一些维修技师平时不注重维修手册的学习，忽视维修的工艺要求,以为凭经验就可以进行维修。殊不知,不同的车型有不同的技术标准和维修工艺。在对发动机正时过程中，尽管有专用工具，但曲轴位置未准确卡住，不明白正时标记，最终还会出现正时链条安装错误，导致发动机无法起动。

案例四：车辆大修完毕后，车辆加速无力，尾气超标。

某 4S 店一名实习维修工小王这两天和师傅一起维修一辆事故车，这辆车在驾驶的过程中不小心开进了路边的壕沟，发生了侧翻。实习维修工小王与师傅整整修了三天才将车辆维修完毕交付给车主苏先生。苏先生取完自己的爱车就开往车检所检车，因为苏先生的爱车再有三天就过了年检的日期了。苏先生到了车检所进行检车的时候，工作人员告诉他说：“你的车加速无力，主要是尾气超标，不能通过。”苏先生一脸迷茫，我的车刚刚维修好，怎么可能会出现这种问题。于是苏先生将车开回到 4S 店咨询产生问题的原因。到了 4S 店苏先生向小王的师傅描述了事情经过，小王的师傅判断可能是氧传感器出问题了，于是将车辆开到举升机工位，将车辆举升起来查看原因，小王的师傅拿着手电筒在车下面仔细查看，发现后氧传感器的插接器没有插牢，马上就要脱落了。小王的师傅知道这是小王的“杰作”。但是当着客户的面，小王师傅没有马上训斥小王，而是耐心地把故障排除掉，将车辆完好地交付给苏先生。

苏先生走后，小王的师傅把小王叫到身边，很严肃地批评了小王，告诉他作为汽车维修人员一定要细心、谨慎，做事情一定要认真。今后一定不要再犯这样低级的错误了。小王惭愧地低下了头。

案例五：发动机大修后，发动机出现抖动现象。

某 4S 店一名实习维修工小王这两天跟师傅一起对客户的车辆进行发动机大修，今天是最后组装发动机试车的关键一天。师徒二人整整干了一天才把发动机组装完毕，最后由师傅打火试车。但是师傅把客户车辆起动后发现发动机明显抖动，运转无力。师傅很是着急，因为客户马上就来提车了。正在师傅冥思苦想问题出在哪时，实习维修工小王在发动机舱处扯出一个橡胶管对着师傅说：“是不是这个原因呀，我在组装进气系统时好像把它给落下了。”师傅看到此景哭笑不得，问题找到了，应该就是这个管惹的“祸”。师傅对实习维修工小王说：“这是真空管，影响发动机正常运转的关键部位，以后干活的时候一定要认真仔细。”师傅说完后，师徒俩把这个真空管安装牢靠后，再次试车，故障消失，车辆正常运转。

上述可知，维修技术人员在对车辆发动机进行大修时，一定要认真、细致、负责，确保发动机上的所有线束、管路安装正确、牢靠。否则会造成发动机新的故障现象发生。